可児鈴一郎
オッレ・ヘドクヴィスト

JN179853

肩書を減らすと業績が急改善する

北欧流小さくて最強の組織づくり

講談社+α《プラスアルファ》新書

簡易版◎異文化適応能力チェックテスト

異文化適応能力は、海外とのビジネスのときだけに力を発揮するものではありません。組織のマネジメント能力にも大きく関係してきます。このテストでわかるのは、差異への「柔軟度」、コミュニケーションの要となる「自己調整度」、対人や心理的安定度をはかる「安定度」です。

次の質問であなたの気持ちに近いもの〈a、b、c〉のいずれかに○印をつけ、4ページの表を用いて回答別の得点と指標別の合計得点を求めてください。

No.	質問	a いつも そう思う	b そう 思わない	c どちら でもない
1	とかく職場や学校の先輩には一目おくところがある			
2	日本的経営は世界で通用する			
3	人が見ていなくても、一生懸命に仕事をする			
4	自分の子どもを一流大学に入れたいと思う			
5	欧米の取引先から来た人には好意的に応対する			
6	外国人に対し怒っていても、あいまいな笑いをしがちだ			
7	名刺をもらうと、まず肩書を見て相手を判断する			
8	酒の席で、上司や同僚の悪口を言うのが楽しみだ			
9	正式な会議の場では、本音で発言しないほうだ			
10	他人に対して必要以上に贈り物をする			
11	仕事の打ち合わせでも、ユーモアを交えて雰囲気を和らげる			
12	周りの人から、裏表のない人だと思われている			
13	気に入らないことがあると、よく怒るほうである			
14	嫌いな人とは口をきかないようにしている			
15	他人の気持ちをよく察するほうである			
16	会議などで自分の意見や態度をきちんと主張するほうだ			
17	パーティでは知らない人にも自分から話しかけるほうだ			
18	同僚と食事に行くとき、行き先はみんなの決定に従う			
19	押しの強い人は苦手である			
20	初めて会った人ともすぐに打ち解ける			
21	宿泊研修などで、知らない人と同室になるのは嫌だ			
22	社長など地位の高い人とふたりだけで話すのは気が重い			

回答別得点表

質問No.	指標	回答別得点 a	b	c	合計得点
1	柔軟度 X1	3	2	1	
2		3	2	1	
3		3	2	1	点
4	柔軟度 X2	2	1	0	
5		2	1	0	
6		2	1	0	
7		2	1	0	
8		2	1	0	
9		2	1	0	
10		2	1	0	点
11	自己調整度 Y	1	0	0	
12		1	0	0	
13		0	1	1	
14		0	1	1	
15		1	0	0	
16		0	1	1	点
17	安定度 Z	3	2	1	
18		3	2	1	
19		1	2	3	
20		3	2	1	
21		1	2	3	
22		1	2	3	点

得点別段階表

① 4ページの**指標別**の合計得点に応じた**「段階」**5～1を下の表から求めてください。柔軟度の「段階」はX1とX2両方の得点が当てはまるところになります。

② 指標（X、Y、Z）別の段階を**「適応タイプ表A・B」**（38、39ページ）に当てはめ、**「行動面からみた異文化適応性」**と**「心理面からみた異文化適応性」**を明らかにします。

③ **「採点結果の解説」**を参考にして、自己理解を深めましょう。

柔軟度

段階	合計得点 X1	合計得点 X2
5	3～4	11～14
4	3～4	8～10
3	3～4	0～7
	5～9	8～14
2	5～6	0～7
1	7～9	0～7

自己調整度

段階	合計得点 Y
5	5～6
4	4
3	3
2	2
1	0～1

安定度

段階	合計得点 Z
5	17～18
4	15～16
3	9～14
2	7～8
1	6

はじめに　今も海賊商人文化が生きる北欧ビジネス

可児鈴一郎

三代目で経営破綻したタカタ

世界第2位のエアバッグの製造会社として知られるタカタが2017年6月に民事再生法の適用を申請して、実質的に経営破綻しました。負債総額は1兆円を超えるとみられ、戦後最大の製造業倒産として大きく報道されたのは、まだ記憶に新しいところです。

私が、このニュースを特別感慨深く受け止めたのは、先代社長の故・高田重一郎氏が同じ大学の同級生だったからです。卒業後も同窓会などで交流がありました。

重一郎氏は、大学卒業後7年間の米国留学を経て、実家が経営していた繊維会社に入社。やがて創業者である父親の跡を継いで二代目の社長に就任したのですが、タカタにとっては偉業という言葉がピッタリくるほどの活躍をしています。

同社は、もともと農工業用灌漑ホースなどを製造・販売していたメーカーでした。その特殊な耐久性のある繊維製造の技術を活かしてできたのが、自動車のシートベルトだったのです。

日本では、自動車の安全性能についてまだほとんど必要性が認識されていなかった時代から、独自の繊維製造技術を活かして開発した同社は、以後、このシートベルトの普及につとめました。

その延長線上にあったエアバッグは、国内の自動車メーカーにとどまらず米国やヨーロッパでもシェアを拡大していきます。

いずれも重一郎氏の手腕によるところが大きいのは、言うまでもありません。

彼は私と同じく、文科系（経済学部）でしたが、技術開発にもとても熱心な経営者でした。昔、私が勤めていたスウェーデン系在日企業で扱っていた鉱山掘削時の落盤から作業員を守る安全装置について本人から直接問い合わせが来て、社内の関連部署を紹介したこともあり、幅広く情報を集めているようでした。

タカタは、やがて6000億円を超える売上高をあげる世界的な部品メーカーになったわけですが、経営陣にとっては「ほんの小さな綻び」とたかをくくっていた出来事が、あれよあれよという間に深刻化。「百年王国」と言ってもいいほど盤石だった経営基盤が崩れていくさまは、リスク対策ひとつにも国際社会で通用する経営理念が必要であることを痛感させられる出来事となりました。

2007年に退任した重一郎氏の跡を継いで社長に就任したのが、三代目となるご子息の重久氏。就任直後から、リコール問題への対応を迫られ、早期に解決することができませんでした。死亡事故の続発を受け、２０１４年に米国国内で開かれた公聴会でも同社幹部が出席し釈明。トップ自らが表に出てきたのは、ようやく２０１７年の経営破綻が表面化したあとでした。

２００９年に米国内で連続して起きたトヨタ車の急加速事故のとき、トヨタもタカタと同様、経営陣の対応が遅いと国内外で激しい批判を浴びたものの、同年に就任した豊田章男社長が翌年2月に米国の公聴会に出席し、日本語ながらも通訳を介して、自ら意見を堂々と述べたのとは対照的です。

日本企業の海外進出先で不祥事があるたび指摘されるのがその点で、トップ自らが表に出ていき、自分の言葉で、関係者だけにとどまらずすべての市民にメッセージを伝えることは、異なる文化の中でビジネスを展開していくうえでは、必要不可欠なことです。タカタにはその重要性の認識が足りなかったのか、対応が後手に回ってしまったと批判されても仕方ないでしょう。

先代の重一郎氏は、２０１1年に病に倒れて亡くなりました。彼は、巷間言われるようなカリスマ経営者というよりも、威張ることのない、とても気さくな人物でした。

しかし、社長の周りに適切な助言を行う人材がいなかったのでしょうか。三代目に代わっても情報開示が後手後手となり、企業としての信頼を決定的に失っていきました。

オーナー一族が支配する企業体質がもたらした悲劇とみる人も多いかもしれませんが、同族経営は決して日本だけの特殊性ではありません。

同族経営でタカタと同じように海外進出を果たしたのが、スウェーデンのアパレル大手・H&M（ヘネス・アンド・マウリッツ）です。

H&Mも二代目社長が海外展開を成功させて同社を世界的なブランドにまで育て上げました。現在は若くして就任したその子息がリーダーシップを握って、さらなる世界展開に邁進しています。

いったいなぜ同じオーナー企業のH&Mは、世界市場で生き残ってこられたのでしょう。そこに日本流と北欧流の組織マネジメントの違いが如実に表れています。北欧企業ならば、経営を現地法人に任せたりせず、リスク対応も親会社から派遣されたトップ自らが出ていくはず。異文化の相手に対しても根気よくつきあって、現地の人と一緒に汗をかきながらビジネスを展開していくのが彼らの流儀だからです。

その点は、本書の第4章で取り上げる家具のイケアがロシアや中国に進出したときのエピソードを詳しく知ると、異なる文化の人たちとのビジネスがいかに一筋縄ではいかないか、また、そこをどのようにして突破していけばいいのかなどのヒントになると思います。

市場縮小する日本の、目指す先

さて、本書は、長年スウェーデン系在日企業に勤務した経験を持つ私・可児鈴一郎と、スウェーデン人経営コンサルタントのオッレ・ヘドクヴィストが、日本企業の強みと、日本企業ソックリな面を持ちながらもまったく異なった行動原理を持つ北欧企業の強みの秘密について、述べた本です。グローバル企業でありながら、組織運営ではスウェーデン・バリューを打ち出しているイケアやH＆Mの淵源もたどりながら、先行き不透明な時代に荒海をたくましく乗り切っていくマインドを、日本のビジネスパーソンにお伝えできればと思います。

日本企業が持つカルチャーを「サムライ」にたとえ、もう一方の北欧企業のカルチャーを「海賊」にたとえて、さまざまな側面から解説を試みています。

興味深いことに、サムライ文化をルーツに持つ日本企業と、海賊文化をルーツに持つ北欧企業とは、似ているところが多々あります。徹底した現場主義の実践、チームワークを大切にすること、人の上に立つ者に対する要求水準の高さなどがそれです。

米国が主導するグローバルスタンダードな文化とは明らかに一線を画しているユニークな製品・サービスを世界中に展開しているのが北欧企業。その代表国と言えるスウェーデンは、もともとは日本と同じように製造業が強い国でしたが、今世紀に入ってからＩＴ産業や、家具のイケアやアパレルのＨ＆Ｍに代表される販売サービス業でも、世界中の都市に進出して、大きな成果を上げています。一時期、トヨタのカイゼンなど日本流の経営手法を積極的に取り入れていたとも伝えられています。

これらの企業は、グローバルスタンダードの波に飲み込まれて、埋没することはありませんでした。また、北欧は廉価な製品を大量生産する新興国にも十分に対抗できる価格競争力を持ちながらも、新興国にはない品質の高さという「ブランド力」を纏《まと》うことに成功している企業を数多く輩出しているのです。

北欧企業には、「海賊商人文化」と呼ぶべき独特のビジネスの流儀が根付いているため、世界中どこへ出ていっても、自分たちの価値を堂々とアピールすることができ、進出先ではうまく溶け込んでビジネスを行います。

「ガラパゴス」としか表現しようがない市場環境と、「サムライ文化」というストイックな組織風土の中で育まれ、特異な進化を遂げてきた日本のさまざまな商品やサービスを、より効率的に海外に展開していくためのヒントが、そこには隠されています。

スウェーデンをはじめとした、北欧諸国の人たちの気質は日本人に近く、どちらかといえばもの静かで、個人主義でありながらも、チームワークを重んじる風土があります。

また、「目先の利益よりも、信頼を重んじる」といったビジネス文化も日本人と似たところがみられます。

それでいて、たとえば、人口約1000万人のスウェーデンから世界を相手に戦える企業が生まれる秘密は、類いまれなる「異文化適応能力」にあると思います。世界中どこへ行っても柔軟に対応できるだけでなく、組織のマネジメントにもこの強みが生きています。自ら動き出す人が育つ先進の進化型組織の事例がここにあります。

その異文化適応能力チェックテストの解析は第1章で、その応用例はH&Mやイケアの事例をはじめ、すぐに現場で役立つ実践例も本書に記しました。

人づくりの要諦や能動的な生産性向上を促す組織のマネジメント力とはどういうものか、私たちの体験もあわせてご紹介いたします。

日本社会には、これから急激な高齢化と人口減少に伴う市場の縮小という試練が待ち受けています。自らの強みを再認識したうえで、いち早く世界に出ていくことで独自のプレゼンスを確保した北欧企業の流儀をぜひ学びたいものです。

なお、本書の執筆にあたっては、世界各地のビジネス事情に詳しい専門家の方々に貴重なご意見をいただきました。この場を借りて、厚く御礼申し上げます。

◉目次

第2章 日本を世界一に押し上げた「ビジネス道」

第3章　三代続くH&Mの類いまれなるマネジメント力

第4章　不可能を可能にしたイケア流世界進出

第5章　人脈づくりを徹底する「ヴァイキング商人の教え」

第6章　スウェーデン流小さくて最強の組織づくり

第1章　なぜ、幸福度も生産性も北欧は世界トップクラスか

豊かさの背景を誰もが知りたい

「世界幸福度ランキング」「ダイバーシティ（社会の多様性）」「同一労働同一賃金」「ひとり当たりのＧＤＰ」「生産性」「国民負担率」「移民政策」「異文化との共生」……。

これらは、近年メディアを賑わせた北欧に関するトピックスです。

たとえば、「世界幸福度ランキング」は、フィンランド、ノルウェー、デンマーク、アイスランドと４位まですべて北欧諸国で独占。９位のスウェーデンを含めると、10位までに北欧諸国が５ヵ国もランクインしています。ちなみに日本は54位です。

「ダイバーシティ」も、スウェーデン発祥の家具販売で知られるイケア日本法人が経済産業省の主催する関連賞を受賞。「女性管理職43％、世界21ヵ国の人材が勤務」している点が評価された結果で、また「同一労働同一賃金」を日本で初めて導入した同社の試みは、各方面から注目を集めました。

それでいて「ひとり当たりのＧＤＰ」や「生産性」も、北欧諸国ほぼすべてが世界でも上位にランキング。反面、所得に占める税などの「国民負担率」は５～６割（日本は約４割）と高く、「異文化との共生」を掲げて「移民政策」を推進してきたものの、ここへきて、移民受け入れの手厚い支援が財政を圧迫するなど、陰の部分も見過ごせなくなっています。

負担の重さというデメリットはあるにせよ、こうした北欧社会が成し遂げてきた豊かさに対しては、どの国の人も敬意を抱かずにはいられないと思うのですが、多くの人が知りたいのは、それを可能にしているのは、いったい何なのかということではないでしょうか。

北欧社会における豊かさの源泉は、彼らがリスクをとって世界中に出ていき、ビジネスを成功させていることにほかならないのですが、それを可能にしているのが、１０００年前の祖先から連綿と伝わる「海賊」文化にあるというのが本書の主張です。

ではその文化が具体的に、企業のマネジメントの現場においてはどういう特徴を持っているのでしょうか。

北欧社会を根底から支える価値観

その答えを一言で言うなら、持ち前の「異文化適応能力」をフルに発揮していると言うことができます。

企業がグローバル化するかどうかにかかわらず、個人主義的な傾向が強まる一方の現代社会においては、自分とは異なる文化的な背景を持つ人と、いかにうまくつきあっていくかが大きな問題として問われるようになってきました。

企業のマネジメント現場に限れば、マネージャーが考え方の異なるスタッフに対して「こうしろ」と一方的な指示命令を出すのではなく、スタッフとの信頼関係のもとに意思疎通を行い、共通の目標（ゴール）を一緒にめざしていける組織づくりが求められています。

そのためには、常に相手の立場に立って相手を尊重しながらも、自分たちの確たるやり方を持ち、それを根気よく伝えていく。能動的に動いてもらえるコミュニケーション手法が必要になってきます。このことは、日本だけに限らず、世界中に展開している欧米の巨大企業にとっても永遠の課題です。

その点、小さなボートで世界の海を縦横無尽に駆けめぐった海賊の気風を受け継ぐ彼らは、自分と文化的背景の異なる相手とつきあうための条件を備えていて、それこそが、現代でも、北欧社会の豊かさを根底から支えているものと言えるのです。

北欧とは対照的に、古来より大陸伝来の文化を取り入れることに、血道をあげてきた日本人。それを自分たちの文化と融合させることで、独自の文化をつくり上げてきた日本は、ここでいう「異文化適応能力」とは違った「異文化吸収能力」に長けていました。

それが戦後日本の繁栄を支えたひとつの要素だったのは間違いないのですが、グローバルスタンダードの嵐が吹き荒れるポスト冷戦以降の世界では、北欧人と比べると、明らかに「異文化適応能力」の面では遅れをとっていたように思います。

異文化適応能力とは何か

では、「異文化適応能力」というのは、どのようなものなのでしょうか。言葉で説明するのはたやすいですが、その本質については、同質性の中でチームワークばかりを重んじてきた日本人にとって非常に理解しづらいものです。

そこで論より証拠、本書の冒頭3ページから始まるテストをやってみてください。これは、あなたの「異文化適応能力」を測る簡易テストです。

このテストは、私、可児鈴一郎が2011年まで社長を務めていた株式会社インテック・ジャパン（2012年に株式会社リンクアンドモチベーションに事業譲渡）が1990年に専門家チーム（大学教授など）に委嘱して開発した「異文化対処力開発テスト（CAT）」の理論が背景になっています。

基本的には、ビジネスで海外へ出掛けていったとき、まったく文化的背景の異なる人とうまくつきあって、円滑に業務を遂行していくために必要な能力を判定するためのものです。

ただし、異文化適応能力は、海外に出掛けていったときだけに発揮するものではありません。実は、企業における組織のマネジメント能力にも大きく関係しているのです。

今、たとえば、日本企業でもダイバーシティを推し進めようとしていますが、よほどのリーダーシップがないとなかなかその実現は難しいのが実情です。この異文化適応能力への理解が深まれば、自ずとダイバーシティの実践にもつながるのです。限られた人材に自ら活躍してもらうことがどれだけできるかの鍵がみつかるでしょう。

では、異文化適応能力を構成する3要素6象限について詳しく解説していきましょう（36〜37ページの一覧表も参考にしてください）。

1 柔軟度――尺度の自在さ

柔軟度が高いマネージャーは「自分の意見に固執せず、相手を尊重して、相手に合わせられる」のに対し、柔軟度が低いマネージャーは「権威主義的で、いつも自分が正しいと考え、相手を否定してかかる」と言えます。

後者をわかりやすく表現するとすれば、相手の文化的背景をまったく考慮することなく、無理矢理、自分のやり方を押しつけようとする人。

その行動の背景になっているのが「自分たちのほうが優れていて、相手は著しく劣っている」という「自文化優越意識」です。

具体的には「規律を忠実に守る日本人は優秀」とか「日本の生産技術は、世界一」という強い自負心でしょう。

自文化優越意識を持つ人は、「自分たちの考えが絶対的に正しくて、相手のほうが間違っている」と主張しがちで、相手を尊重する謙虚な姿勢に欠ける傾向があります。

そうした硬直した態度では、文化的背景が異なる相手とうまく人間関係を構築していくことは、非常に困難になってきます。

異文化コミュニケーションにおいては、自文化の尺度だけでものごとをとらえないフレキシビリティが必要だからです。

その能力の度合いを「柔軟度」と呼びます。そして、「柔軟度」は、具体的に、以下で解説するふたつの能力によって構成されています。

違いを認める「文化的気づき度」

自分たちが育った土地や環境から生まれた文化を「自文化」と呼び、日ごろ当然のこととしているものの考え方や行動パターンは、この自文化の影響を強く受けて形成されています。

たとえば、企業文化。その企業で働く人たちにとっては常識とされていることでも、ほかの企業の人にとっては、非常識になってしまうことも多々あるものです。

その場合、自文化だけを優れたもの、正しいものと考えないで、自他の文化差、すなわち

「違い」を率直に認識できることが重要で、その度合いを「文化的気づき度（カルチュラル・アウェアネス）」と呼びます。

海外に出掛けると、距離や時間に対する考え方は国や地域によって、まったく異なってきます。文化は、その国や地域の自然条件、民族性、歴史、宗教などさまざまな要素が長い年月をかけて培ってきたものなのです。

日本人は、ともすると「効率が悪いものはすべて悪い」という短絡的な思考をしがちですが、産業社会の価値観を優先しないナチュラルな文化を持つ人たちからすれば、それは無粋なものと映るかもしれません。

はてしない悠久の大地に暮らす人たちは5分、10分という細かい時間の単位を全然気にしないかもしれないのです。もともと生き方や人生の目的も違うのですから。

日本人同士においても、景気のよかった時代に入社した管理職と、就職氷河期に入社した社員とでは、異文化と言ってもいいほどの価値観の相違が生まれています。

複眼思考に変わる「異文化許容度」

長年、同じ環境で同じ仕事を続けていると、過去の経験や既成概念にとらわれたワンパターンな発想や行動に陥ってしまう傾向があります。

これまでは、こうしたらうまくいったから、今度も同じ方法を貫いて解決するべきだ、となるわけです。

同じ価値観の人が集まった同質性の高い環境であれば、そんなワンパターンの発想でも、問題なくものごとを進めていけるかもしれません。しかし、自分とは価値観が大きく異なる人ともコミュニケーションしないといけないような同質性の低い環境では、考え方や行動をそのつど柔軟に変えていかなければ、うまくものごとを進めていけません。

そこで重要になるのが、ひとつの問題を複数の視点からとらえ、なおかつ解決策をいくつも用意して、状況に応じて柔軟に対応していく能力。

この度合いが「異文化許容度（インターカルチュラル・トレランス）」です。

自分のやり方だけにこだわることなく、いいものであれば、状況に合わせてほかの人のやり方も柔軟に取り入れていける能力と言ってもいいでしょう。

たとえば、ビジネスにおいて、自分がA案を主張し、相手がそれと真っ向から対立するB案を主張したとき、異文化許容度が高い人は、A案だけにこだわらず、おたがいに妥協できる道筋がつくれるC案、D案、E案と、次々と対案を提案できるような柔軟性を持っているわけです。

2 自己調整度――説得力の差

日本人は、初めての状況での対処が苦手な傾向があり、初対面の人とはあたりさわりのない会話だけをしていればいいと考えがちですが、異文化コミュニケーションの現場では、ときには、自分の考えや意見を主張していくことも必要な場面に遭遇します。

同質性の高い社会において下手に主張すると「出る杭は打たれる」のに対して、異質性を前提とした社会では、「主張しない者は存在すら認められない」からです。

そこで、異文化適応能力ふたつ目の要素となるのが「自己調整度」です。

これは、「相手が自分のことをどうみているのかを考えながら、自己の思考や行動を調整していける能力」の度合いのこと。

単に積極的に主張するだけではなく、相手からどうみられているかを意識しながら主張することも重要で、誤解を受ける可能性はできるだけ排除しなければなりません。

自己調整度が低いマネージャーは「言葉で説明するのが下手で、いつも独りよがりの意見ばかり述べている」のに対し、自己調整度が高いマネージャーは「自分の考えを明快に主張・説明でき、それが相手にどう受け止められるかを客観的に考えられる」と言えます。

この「自己調整度」は、次の「社会的積極度（ソーシャル・アサーティブネス）」と「自己監視度（セルフ・モニタリング）」のふたつの要素から成り立っています。

伝える力が上がる「社会的積極度」

未知の人に対しても、臆することなく自分の考えを主張・説明できる能力の度合いのことを「社会的積極度」と呼びます。

引っ込み思案にならずに主張できる積極性があり、なおかつ自分と文化的な背景や価値観が異なる人に対しても、わかりやすく自分の考えや意見を伝えるスキルを備えている度合いを判定する指標です。

日本人マネージャーは、部下に対して「説明すること」が苦手な傾向があります。日常の業務では、部下のほうがマネージャーの気持ちを察して動くのがよしとされていて、マネージャーがいちいち細かく説明する必要はないと考える人すらいます。

よく言えば、「あうんの呼吸」「以心伝心」といった、言葉を弄さずとも、おたがいに気持ちの通じ合う「ハートトゥハート」のコミュニケーションをとても大切にするわけです。

ところが、日本人が得意な「ハートトゥハート」のコミュニケーションは、同じ文化や価値観を持っている集団の中で初めて成立するもの。文化的背景が異なる人を相手にすると、とたんに何のメッセージも伝わらなくなってしまいます。場合によっては、余計な誤解が生じる原因となってトラブルを引き起こしかねません。

文化的背景の異なる相手に対しては、「ハートトゥハート」ではなく、「マインドトゥマインド」のコミュニケーションスタイルが求められます。

「ハート」も「マインド」も、日本語では「こころ」と訳されますが、「ハート」のほうは「思いやり」とか「恩情」といった曖昧なニュアンスなのに対して、「マインド」は、論理とか合理性をそなえた「思考」という意味合いを持っています。

文化的背景の異なる相手に自分の考えや意見を伝えるためには、ロジカルな思考による明快な説明を行うことが求められるわけです。


日本人同士ならば、理由はどうあれ上司の命令だから仕方ないと、特に理由を聞くこともなく部下は引き下がるはず、と言いたいところですが、今や日本人同士でも「ゆとり世代」など、文化的背景の異なる若者を相手にした場合は、きちんとした説明は欠かせません。

同じ日本人でも文化的背景の異なる価値観を持つ部下は、上司のちょっとした指示や命令に対して、「なぜそうしなければいけないのか」の説明を求めたがるものです。そのときに、明快にその理由を説明できないとチーム全体の士気がダウンするのは必至でしょう。

「こんなことまで言わなくてもわかるだろう」とか「そこまでいちいち言わせるな」ではなく、なぜそうしなければならないのかについて、前提条件から丁寧に説明する努力を惜しまない。それが、異文化適応能力を発揮する場面です。

相手の誤解を防ぐ「自己監視度」

政治家が失言をしたとき、「みなさんがそうとられたのであれば誠に不本意である。自分としては～ということが言いたかっただけ」と釈明をするケースがよくあります。「弁が立つ人」ほど犯しやすい失敗で、自分の発言が相手にどうとられるかまで考えないで自分の意見を述べてしまうために起きるコミュニケーションのまずさと言えるでしょう。

この「相手にどうみられるか」を意識して自己の行動を調整できる能力の度合いを「自己監視度」と呼びます。

常に自分の意図した内容とは異なる意味に解釈される可能性のある異文化コミュニケーションにおいては、自己監視度も欠かせない能力のひとつなのです。

たとえば、自分では「部下の意見もよく聞く、親しみやすい上司」だと思っている管理職がいたとします。ところが、部下からみるとその上司は「権威主義的で、いつも独りよがりの意見ばかり押し通そうとする上司」だったりした経験はありませんか？

そこで「とんでもない！　それはまったくの誤解だ」と憤慨する上司は、「自分はそんな人間ではないのに、誤解する部下のほうが悪い」と正当化するかもしれませんが、まさにそんな態度こそが「独りよがりの意見ばかり押し通そうとしている」ことになるのです。

つまり、「誤解だ」と言い張って、まったく自分の言動を省みない人は、自己監視度が低いとみなされても仕方ないわけです。

「自分はきちんとコミュニケーションをとろうとしているのに、勝手に誤解してしまう相手が悪い」という論理は、自己監視度の低いマネージャーに共通した傾向です。

異文化コミュニケーションにおいていちばん問題となるのは、「目隠しされた（BLIND）窓」です。

自分は気づいていないのに、他人は知っているという部分で、たとえば、頻繁に行うしぐさや言動のパターンのほか、その人の欠点や弱点などがそれにあてはまります。

こうしたブラインドの部分は、誰もが持っているものなのですが、自己監視度でポイントとなっているのは、本人が「自分にはブラインドとなっている部分がある」ということに気づいているかどうかです。

自己監視度の高い人は、常に相手がどう思うかをフィードバックしてもらいながらものごとを進めることができます。一方で、この能力が低い人は、相手がどう思おうとお構いなしに一方的に自分の意見を押しつけることになってしまうわけですが、自分自身の行動や振る舞いを客観的視点から観察する癖をつけることによって改善が可能です。

3　安定度——ストレスに強い

異文化コミュニケーションが必要な環境でビジネスを遂行していくためには、精神的な安定度が保たれていることが非常に重要です。

いちばんわかりやすいのが海外へ駐在員として派遣される人の場合です。派遣先において、これまでまったく経験したことのない異質な出来事に次々と遭遇しますので、それによって、ときには非常に大きなストレスが心身にかかることがあります。

国内での仕事にあてはめると、配転や転職によって、これまでとはまったく異なる環境で仕事を始めるときに、大きなストレスがかかります。

そうしたストレスに押し潰されずにうまく組織をマネジメントしていくためには、その人がもともと持っている安定度がものをいうのです。

「安定度」には、心理状態の内的安定だけでなく、社交性や活動性など周りの人とうまくつきあっていくことに関する能力の度合い、外的な安定度の要素も含まれています。それらを併せてみることで、異文化環境でうまくやっていけるかどうかを測るわけです。

部下がいつも顔色をうかがわないといけないような気分屋の上司では、とても安定度が高いとは言えませんので、異文化適応能力は、低いとみなされるでしょう。逆に、「自分の殻に閉じこもらずに人づきあいができる」上司ならば、安定度は高いと言えます。

この安定度は、「対人的安定度（インターパーソナル・スタビリティ）」と「心理的安定度（イントラ・パーソナル・スタビリティ）」のふたつの要素から判定されます。

「対人的安定度」の高い人の条件

環境の大きな変化が起こったときでも、協調性や社交性、活動性を持っている人は、周りとうまくつきあっていけますので、異文化適応能力が問題になることはあまりありません。

ところが、もともとそうした対人関係を築いていくことが難しい気質を持っている人の場合は、慣れない環境に置かれただけで、精神的にすっかりまいってしまう事態になりかねません。その結果、コミュニケーションがうまくいかずにストレスが増大して、ますます悩むという悪循環に陥ってしまうのです。

そこで、周りの人とどの程度安定した交流ができるのかをみるのが「対人的安定度」です。

この能力に欠けている人は、自分の殻に閉じこもってしまい、部下ともコミュニケーションがうまくゆきませんので、少し難しい局面になると、とたんに冷静沈着な対応ができなくなってしまいます。

動じない力「心理的安定度」

「心理的安定度（イントラパーソナル・スタビリティ）」とは、神経質傾向、興奮性、自己信頼傾向などから構成される心理的バランス感覚のこと。

たとえば、神経質でなにごとも完璧にこなさないと気がすまないタイプの人が意気込んで、新しいメンバーばかりが集まるプロジェクトをまとめていくリーダーになったとき、ちょっとしたつまずきがきっかけになって、心理的バランスを崩すことがあります。

こういうタイプの人は、ひとつのことが自分の思いどおりにならないと、それだけで気分の落ち込みも激しく、次第にほかのメンバーの言うことも聞かなくなってしまいます。その結果、やることなすことがうまくいかないと余計に自分を追い込んでしまうわけです。

逆に、多少うまくいかないことがあったとしても、いちいち動じないで、自分の内的な状態を平穏に保てる人であれば、心理的安定度は高いと言えるわけです。

指標 （小分類）	定義
文化的気づき度 カルチュラル・アウェアネス	日常、当然のこととしているものの考え方や行動の仕方には自文化の影響が多分にあり、同一文化で生活していると自文化のみを優れていると考える恐れもあります。この指標は文化差をどの程度自覚しているかを調べるものです。
異文化許容度 インターカルチュラル・トレランス	異なる文化での生活において、考え方や行動の仕方をうまく適応させないと、人間関係のトラブルを生じることも少なくありません。この指標は自文化との違いを認識し、異文化に合わせようとする意識を調べるものです。
社会的積極度 ソーシャル・アサーティブネス	以心伝心と異なり、自分の気持ちや考えを積極的に主張しなければ受け入れられない文化もあります。この指標は初めての環境や相手でも臆したり慌てたりすることなく積極的に対処し、主張していく姿勢を調べるものです。
自己監視度 セルフ・モニタリング	自己中心的な思考や行動をすると、他者との関係が進まなくなることもあります。この指標は自分の考えや行動が相手にどう映るかという、他者からみた自分を念頭に入れて、自己の行動が調整できるかを調べるものです。
対人的安定度 インターパーソナル・スタビリティ	人づきあいがうまく、他者と一致協力できることは、日常生活を送り、仕事を進めていくうえで重要なことです。この指標は周りの人とどの程度安定した交流ができるのかを、協調性や社交性、活動性などの観点から調べるものです。
心理的安定度 イントラ・パーソナル・スタビリティ	多少のことには動じず、心が落ち着いていることは、苦痛や困難を克服していくうえで重要な要因です。この指標は自己の心的状態がどの程度安定しているのかを、神経質傾向や興奮性、自己信頼傾向などの観点から調べるものです。

異文化適応能力の指標

指標（大分類）	定義
1 柔軟度	自文化以外にも多様な文化が存在し、それぞれ独自の利点や長所を持っています。自文化とほかの文化のあいだにあるのは「優劣」ではなく、単なる「差異」です。この指標はそれぞれによさがあることを認めていく柔軟さに関するものです。
2 自己調整度	この指標は、引っ込み思案や臆病にならずに自分の考えを主張することができるばかりでなく、決して独りよがりにならずに相手がどのように自分をみているのかを考えながら、自己の思考や行動を調整していける能力に関するものです。
3 安定度	人づきあいが上手なことは社会生活を円滑に進めやすくします。自分の内的状態が平静なことは、ストレスなどの精神的苦痛を低減する重要な要因です。環境の変化などにうまく適応するには、対人的にも個人的にも安定していることが必要ですが、この指標はこうした傾向に関するものです。

行動面からみた異文化適応性

①5ページで出た柔軟度、自己調整度の2分野についての採点結果を、下の適応タイプ表Aにあてはめます。
②次に、採点結果が該当するタイプを「採点結果の解説」から探しましょう。たとえば、自己調整度が2で柔軟度が4ならA3、自己調整度が4で柔軟度が2ではA2といった具合にそれぞれ該当します。

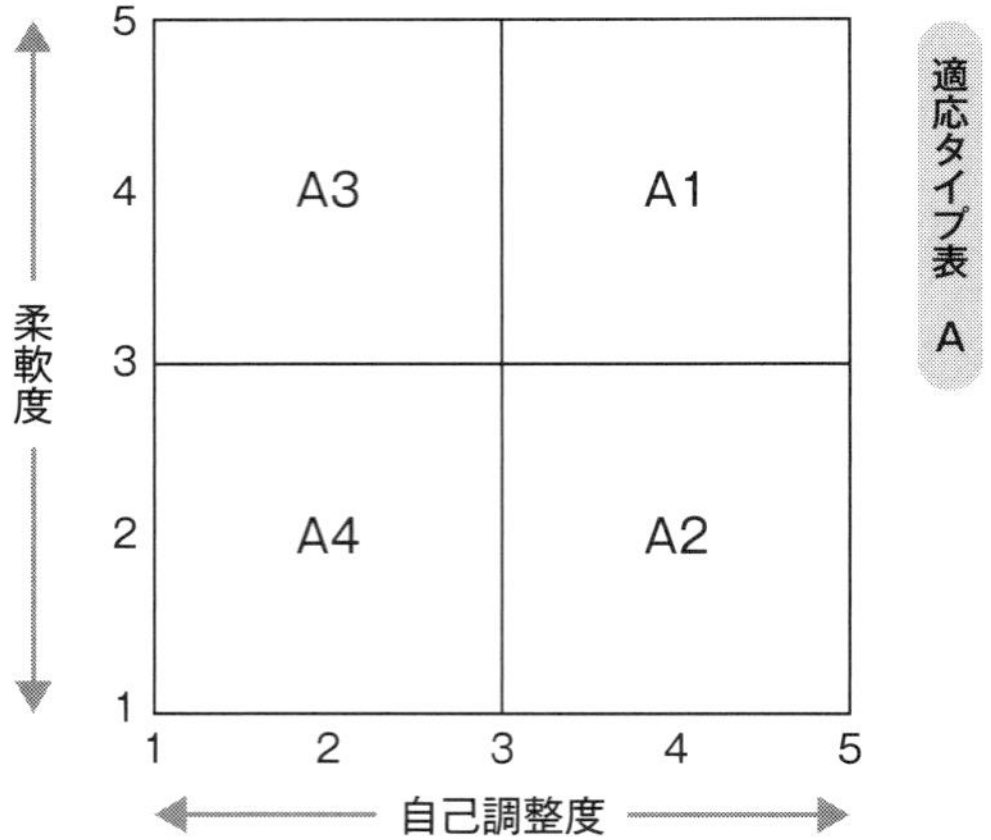

採点結果の解説

A1	異なった文化や環境の中でも、ものおじすることなく自分を表現でき、なれない状況に対しても、耐えることができます。また、自分の行動や振る舞いを客観的にみることができます。
A2	自分から積極的に状況や人との関係を切り開いていくほうですが、異なった文化や状況に対して、優越意識を持たずに我慢強く対処するよう心がけたほうがよいと思います。
A3	異なった文化や状況に対し、かなり我慢強い対応ができますが、新しい局面や初対面の人に対しては、とにかく受動的になりがちです。気をつけたほうがよいと思います。
A4	着実でしっかりした人間関係が保てるほうですが、新しい状況や人への対応が遅れがちで、杓子定規なものの見方でものごとを判断しがちになる点を改善する必要があります。
両方3点	柔軟度と自己調整度がともに3点の場合は、適応性の特徴において、偏りが少なく、自分のものの見方や行動の尺度を変えるとか、相手との対応に際し、均衡がとれています。

心理面からみた異文化適応性

①5ページで出た柔軟度、安定度の2分野についての採点結果を、下の適応タイプ表Bにあてはめます。
②次に、採点結果が該当するタイプを「採点結果の解説」から探しましょう。たとえば、安定度が2で柔軟度が4ならB3、安定度が4で柔軟度が2ではB2といった具合にそれぞれ該当します。

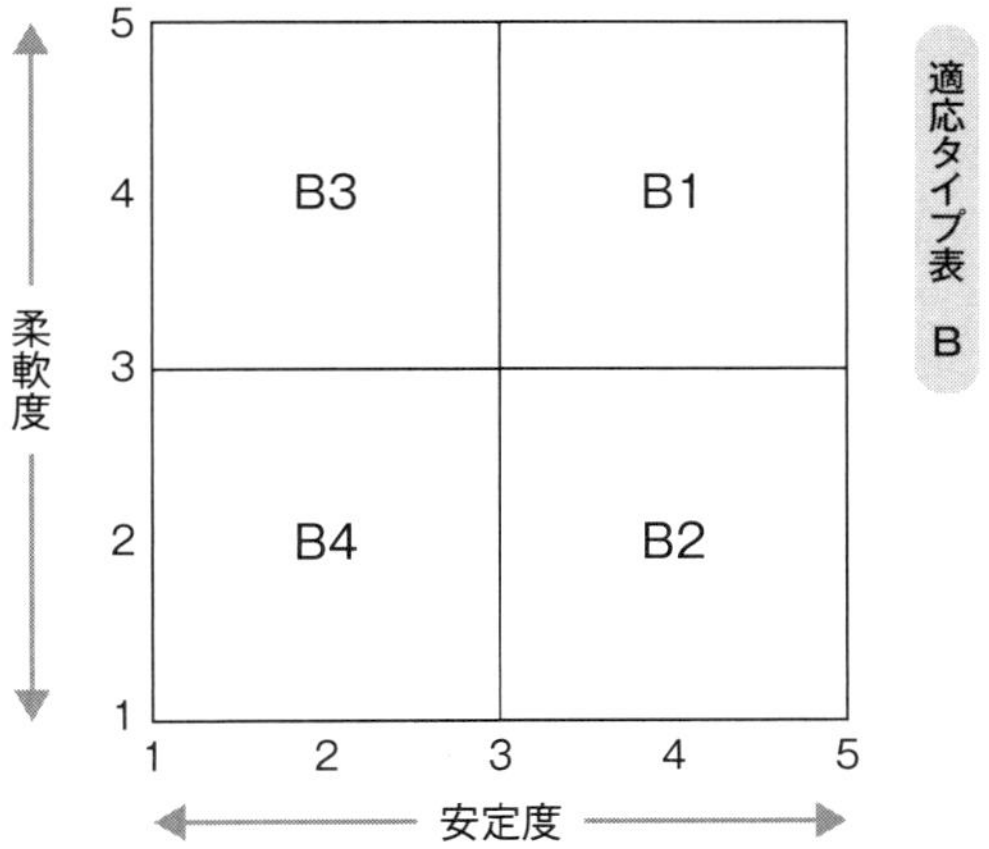

採点結果の解説

B1	冷静沈着になれない場面や、人との関係についてもその状況を推しはかり、先が見通せます。緊張し危険で困難な場面であっても心の安定を保ち、柔軟で適切に対処できます。
B2	じっくりと無難にその場に応じた判断や対応ができます。ただ、困難な場面において、対応が遅れがちになる点に注意を要します。
B3	状況の察知や判断がすばやくできますが、困難な問題や障害に対し冷静さを欠き、適切な判断や処置ができないことがあります。注意を要します。
B4	個性的で独創的なものの見方ができますが、対人的に安定を欠き、困難な問題に直面すると心を平静に保てなくなりがちです。注意を要します。
両方3点	柔軟度と安定度がともに3点の場合は、適応性の特徴において、偏りが少なく、自分のものの見方や行動の尺度を変えるとか、ストレスへの対応でも均衡がとれています。

さて、以上みてきました3要素6象限の指標によって、その人の異文化適応能力を測るのが「異文化対処力開発テスト（CAT）」です。38〜39ページの、本書の冒頭で受けていただいたテストの採点結果をぜひ役立ててください。

このテストは、以下のような特徴を持っています。

① 異文化の環境において、ビジネスに従事する人たちの管理能力に注目している。

② 異文化社会での適応に焦点をあわせて、異文化状況で発揮されるものに注目している。

③ 異文化社会で発揮される能力のありようについては、生来的なものとは考えていない。開発し育てていくことができるものと考えており、研修と連動させることに配慮している。

スウェーデン人の異文化適応能力

異文化適応における6つの能力について、北欧人の場合はどうなのでしょうか。

まず、1の柔軟度については、「文化的気づき度」「異文化許容度」ともに、彼らは非常に高いと言えるでしょう。

北欧というヨーロッパでも北の端の民である彼らは、イタリアやフランスなどの華やかな文化を持つ中央ヨーロッパからみれば、どこか「田舎者」のイメージがつきまとっています。また、米国企業のように大資本のパワーを背景にするほどの資金力もありません。

そのために、彼らには、自分たちはいつまでも主流派にはなれないアウトサイダーなんだという意識があり、謙虚な態度でビジネスを進めていくのです。横柄な振る舞いをするマネージャーは、あまりみたことがありません。

したがって「自文化優越意識」を持って、無理矢理自分たちの経営手法を押しつけることにはならないと言えるのです。

「海外に出ていけば、相手に合わせるのは当然」という考えがおそらく染みついているのでしょう。それでいて、H&Mやイケアが自社のコア・バリューにこだわるように、彼らは異様なほど頑固な面も持ち合わせています。自分たちのやり方を根付かせようとするときには、忍耐強く相手とやりとりし、受け入れられなかったら、次々と対案を出してくるのは、彼らがいちばん得意とするところです。

次に、2の自己調整度をみてみますと、「社会的積極度」については、日本人よりは高いものの、米国人のような押しが強く派手なプレゼンスタイルに比べれば、やや弱いと感じます。

性格的にも米国人のように陽気ではありません。シャイな感じの人が多く、訥々としたプレゼンが彼らのスタイルです。日本人からみても、バカ正直な営業というのでしょうか、自分たちに不利な情報も堂々と出したりします。

その代わり、「自己監視度」はかなり高いのです。いつも、相手に気配りするホスピタリティの精神がほかの国の人よりも強いですから、人からどうみられようがお構いなしに振る舞うことは、あまりありません。

残る3の安定度については、正直言って、外からみただけでは、本当のところがよくわかりません。ただ、彼らは、自分の気にいらないことがあっても、声を荒らげて怒るというようなこともほとんどありませんので、比較的「安定度」も高いはずです。

私の知るスウェーデン人マネージャーに限っていえば、どれかひとつ飛び抜けた能力はないものの、非常にバランスのとれた異文化適応能力の持ち主だったと言えます。

日本人がトップに立ったら、自分の好き嫌いで、組織をひとつの風土に染め上げようとするところを、彼らは、強い権力で組織を統治せずに、まるで「柔よく剛を制す」かのように、人の力を借りて大きなパフォーマンスを上げようとしていたのです。

そんな柔軟性こそが世界中どこへ行っても、異文化に適応できるスウェーデン流の秘密なのかもしれません。

さて次章では、外からみた日本人のビジネスの特徴や、そこから今後何が強みになるかについて分析していきましょう。

第2章　日本を世界一に押し上げた「ビジネス道」

「私が出版した本です。1冊さしあげます」

待ち合わせした六本木にあるホテルのロビーに現れた友人のスティーブ・オルセン氏が、そう言って大きな手提げ袋から差し出したのは、今や日本でもめったにみかけなくなった黒布張りハードケースに収められた豪華本でした。

ハードケースから取り出してみると、彼が古武道で師事する宗家初見良昭《まさあき》の名を冠した『Masaaki Hatsumi DOJO ART』なるタイトルが金字で刻まれた装丁の書画集が現れました。

十数年前に米国から来日して、都内でヘッドハンターとして活躍するかたわら、千葉にある古武道の道場に足繁く通っているのは聞いていましたが、彼がそこまで、その世界に傾倒しているとは知らなかった私は、ただ驚くばかり。

ずっしりと重い本の扉を開いてみると、力強く、迫力満点でありながらも、どこか優美なたたずまいをみせる毛筆の書画と、それについての英文・和文の解説が展開。瞬時の動きを鮮やかに切り取った古武道の稽古風景も随所に収録されている、実に見事なものでした。

宗家が稽古の合間に弟子のためにしたためていた書画をオルセン氏が撮影しているうちに、それらを一冊にまとめた書籍の出版を企画。インターネットサイトを通じて、自主制作への投資を募るプロジェクトへの参画を呼びかけたところ、世界中に散らばっている宗家の弟子たちから出資の申し出があり、2年足らずの期間を経て出版までこぎつけたとのことです。

柔、剣、弓、槍など日本の伝統的な武術をひととおり学べる古武道は、日本文化が大好きな外国人にとっては、たまらない魅力のある世界なのでしょう。

米国人ヘッドハンターの分析

オルセン氏に、日本のビジネス文化の特徴について聞くと、彼が真っ先に言及したのが次の2点でした。

〈1〉商品・サービスに対する期待レベルの高さ

昔からよく言われるように、日本の都市における商店やレストランでは、どこへ行ってもある程度快適なサービスが受けられるのは、当たり前になっているわけですが、それこそが日本人消費者の品質に対する期待度の高さの表れです。

オルセン氏は、その一例として宅配便をあげます。夕方までに発送依頼すれば、東京―大阪など主要都市間ならば、特別料金なしに翌日午前必着が可能なうえ、受取人に直接手渡し・不在時には再配達までしてくれるサービスは、諸外国の都市ではまずありえないと言います。

日本企業の競争力は、消費者が抱く商品・サービスの品質に対する期待度の高さによって育まれてきたものと言うことができるわけですが、では、いったいなぜ日本人は、商品・サービスの品質に対して高い期待をし、なおかつ提供側はその期待に応えようとするのでしょうか。

その謎を解く鍵が「武士道」にあります。

〈2〉ゴール到達より、終わりなき自己実現

オルセン氏は、日本の武士道についてこんな解釈をしています。

「日本独自の文化で、非常に高度のエクスペクテイション（Expectation、文化財としての価値）を持ったものです。デディケイション（Dedication、使命を果たす献身）と、クオリティ（Quality、立派に成し遂げられる度合い）に集中するプロセスにおいては、自分自身をコントロールすることが重要です」

彼いわく、武士道の世界では、「自分自身と向き合って努力を重ねること」が求められるとのことですが、そこでは具体的な目標達成や成果獲得を主眼としているわけではないのが大きなポイント。いったい、どういうことなのでしょうか。

なにごとにも合理的な考えを持つ欧米人は、目標（ゴール）が明確になっているからこそ、そこへ向けてがんばるのが普通です。ところが、武士道の世界では、それらが何も明確になっていなくても、日々励むことを求められます。欧米人からすれば、およそ理屈に合わない行為で、彼らの理解の範疇から大きく外れているのでしょう。

目標（ゴール）が明確にならないのに、努力するのは「エンドレスな自己実現」だと、オルセン氏は、指摘します。

『菊と刀』（長谷川松治訳、講談社学術文庫）の中でルース・ベネディクトは、米国人でも、スポーツや音楽の世界で特定の目標を達成するために、禁欲的な管理体制を受け入れたり、あらゆる娯楽を犠牲にしたりすることはあるが、日本人は「試練を受けるさいに必要な特定の事項を覚えるだけではなく、それとは全く別個な自己訓練をする必要があると考えている」つまり、評価テストの時期でもないのに、常に向上心を保持することを求められていると、その文化的な異質さを指摘しています。

米国人からみれば、日本人は「個々の場合における応用ということを全く度外視して」自己鍛練を行うことになり、それが、まさしく「エンドレスな自己実現」と映るのです。

オルセン氏は、その点を「昨日よりも今日、今日よりも明日こそはもっと進歩しよう、明日を楽しみに」の世界だと、わかりやすく言い換えてくれました。

日本人は経済成長を当然と思う

日々努力を重ねていく求道的精神とでも呼ぶべき、一途で生真面目なところは、古い武士道の世界にとどまらず、現代の日本人にもみられる性向です。

たとえば、日本人は、高度成長が終わった今でも、毎年経済成長するのが当たり前だと思っているフシがあります。そのため、経済成長が鈍化したり、ときどき不況でマイナス成長に陥ったりすると、もうとんでもない非常事態が起きたかのように大騒ぎする傾向があります。

日本人の意識の中には、「進歩することに対する飢餓感」のようなものが潜んでいるように思います。

それは、まさに、オルセン氏の言うとおり「昨日よりも今日、今日よりも明日こそはもっと進歩しよう」とする求道的精神が、武士道の伝統によって、現代の日本人にも連綿と受け継がれているからとも言えるのです。

さきほどの日本人が高い品質を求めることに戻りますと、「クオリティとは価値観の具現であり、ニュークオリティとは、即『進歩（Progress）』となる」とのことで、世界でもほかに例をみないほど競争が激しい日本の国内市場の中で、日々精進していくうちに、自然とより高い品質を実現してきたと言えるのでしょう。

オルセン氏は、くり返し「ナッシング・モア・ジャパニーズ（これ以上に日本的なものはない）」という表現を使って、武士道のユニークさを説いてくれました。

日本企業の競争力は、消費者が抱く商品・サービスの品質に対する期待度の高さによって育まれてきたと、先述しましたが、まさにその消費者の期待度の高さは、「昨日よりも今日、今日よりも明日」はもっとよくなるべきとの考え方からきていると思います。

日本国内においては、競争が激しくなる中で生き残っていくためには、より便利で、より質の高い商品・サービスを他社と同等もしくは安い価格で提供しなければなりません。

柔道とＪＵＤＯは似て非なるもの

「私は、昨年と一昨年に（師事している）宗家の代理として、ゴーセンバーグ（スウェーデン）とオハイオ州（米国）で、古武道を教えました。警察官など自分の職務のために習う人もいますが、本来の古武道とは、そういう具体的な目的だけのものではありません。勝ち負けを（点数などで）競うスポーツとは、本質的に、目的が異なります。武道は、自己実現の世界であり、『礼に始まり礼に終わる』と言うように、相手へのリスペクトを持って行い、単に勝敗のみを争うものではありません」

日本人が、言葉ではなかなか説明しづらかった部分を、オルセン氏は、そう明快に語ってくれたのです。

彼の論からすれば、日本古来の伝統的な「柔道」と、「スポーツ競技としての柔道」は、「似て非なるもの」であるということがよくわかります。

日本古来の武道だった柔道は、世界中の人たちが習得して国際的なスポーツ競技と認められていくにつれて、誰もがわかるような明快なルールが導入されてきました。

しかし、日本の伝統文化である「柔道」は、「ＪＵＤＯ（スポーツ競技としての柔道）」とは明らかに異なった存在です。

日本では、剣道、合気道、弓道などの武道に限らず、書道、華道、茶道といった習いごとの多くに「道」がついていることを思い出してください。

「書術」「華術」「茶術」ではなく、それらのどれもが「～道」となっているのは、単にその世界のワザを習得することが目的なのではなく、そのワザを身につけていくプロセスにおいて、日々精進を重ねていく「道」であることを意味しています。

いわば、それぞれの世界で、日々自己鍛練を重ねることによって、人間形成をはかることを最終的な目的としているのですから、日本社会の中では、私的な文化活動がある種の社会教育機関としての機能を兼ね備えていたとも言えるのです。

常に「道半ば」と励む国民性

それぞれの「〜道」は、日々の生活の中で、自然に自己鍛練を求める、宗教的な要素すらまとっているといっても過言ではないでしょう。

単に、勝ち負けを争うゲーム性を求めたり、あるいは愛好者同士が集まって刹那的な楽しみを享受することを目的としたものではありません。

長年修行を積んだおかげで、ワザがかなりのレベルに達したとしても、それはまだ「道半ば」ですから、その世界を知らない外国人からみれば、「エンドレスな自己実現」と映るわけです。

そのような背景のもとで、「JUDO」が、単に勝ち負けだけを争うゲームになっていることに、日本人は違和感を覚えるのでしょう。

ちなみに、以前の5000円札の肖像で知られている新渡戸稲造が『武士道』を書くきっかけとなったのは、西洋人の学者から「日本には、宗教教育がないのか」と驚かれたことでした。

日本社会の中で、宗教と同じ役割を果たしているのは武士道であることに気づいた新渡戸は、欧米人にも理解してもらえるよう、キリスト教の知識をもとに日本人の精神を説明しようと、すべて英文で書いた『武士道』を1899年に米国で出版して、日本理解の端緒をつくっているのです。

オリンピックに出場した柔道競技の日本人選手の試合をみて、多くの人がはがゆい思いをするのと似ているのが、最近の日本企業に対する評価ではないでしょうか。

かつて「ジャパン・アズ・ナンバー1」と持て囃され、世界中から、その強さの秘密を研究対象とされた日本企業。ところが、いつのまにか、デフレ経済のスパイラルに陥って、そこから抜け出すのにもがき苦しむ一方、リコールやM&Aの失敗など「ビジネス道」を踏み外したかのような不祥事が続いています。

その姿を、日本のお家芸であるはずの競技が国際大会で思うように勝てないケースとつい重ねあわせてみてしまう人も多いと思います。

「柔道」という競技が日本にとって「お家芸」であるのと同じく、電機や自動車など、高い技術力と組織の結束を武器に世界市場へと展開する製造業が、自分たちの文化的な特性をフルに発揮して成果が上げられるという意味で、日本の「お家芸」であったことに異論を差し挟む人はあまりいないはずです。

いずれも「かつてのようなアドバンテージは失われてしまった」と思われるかもしれませんが、私は、決してそうは思いません。

ちょうど、柔道の国際大会において、日本人選手のワザが抜きんでていたときでも、勝敗ではなぜか不本意な結果に終わってしまうケースがあるのにも似ていて、日本企業も、製造業のいくつかの分野においては、今でも世界でトップの実力を持っているのは間違いありません。それにもかかわらず、結果として、実力どおりのパフォーマンスを上げられていないのだと思います。

日本企業の技術力や製品の優位性がいつのまにか薄れてしまったわけではなく、気がついたら世界の競争ルールのほうが変わっていた、というのが正しい見方ではないでしょうか。

競争ルールからはずれた日本

かつて日本のお家芸と言われていた産業分野の凋落を語るときにさかんに使われたキーワードが、「ガラパゴス化」でした。その象徴が携帯電話でしょう。

スマートフォンよりも前の世代の国内モデルを「ガラケー（＝ガラパゴス・ケータイ）」と呼ぶのは、日本という特殊な市場環境を、ほかの大陸とは海でへだてられたガラパゴス諸島にたとえたもの。特殊な島国の中でマニアックなユーザー向けに進化をとげてきた製品は、世界市場の中では、スタンダードになれない——という教訓めいた背景のもと、「スマホのように世界標準になれなかった旧型モデル」という意味で、みなさん使われているのだと思います。

しかし、一方で、その特殊な市場環境である「ガラパゴス」で育ったことこそが、日本製品の大きな強みでもあることも、まぎれもない事実です。

世界中でほかに類をみないほど消費者の要求レベルが高く、一度その要求を満たしたとしても、日々目新しい価値の創造を欲する特異な消費者ニーズに応えるために、遮二無二モデルチェンジをくり返して新機能を追加していかねば生き残っていけないのが、日本の市場です。

その中で育った日本製品は、品質レベルの高ささえ理解してもらえれば、決して高価ではないはずですが、それでも、韓国などほかの新興工業国の製品と比べてしまうと、為替レートが少し円高にふれるだけで価格競争力がそがれてしまうため、ある時期から、中途半端な存在感しか示せなくなってしまいました。

独自の技術を駆使して、高い信頼性を維持した製品を作りつづけてきた日本企業にとっては、製品開発のアプローチの仕方が根本的に異なります。

言い換えれば、米国やアジアのライバル企業が、純粋に「最速で、よりたくさんお金を儲ける」という、世界中どこでも同じ価値観を共有できる「ビジネス」をゲーム感覚でひたすら追求してきたのに対して、日本企業は、リアルな空間において、長年つきあってきた顧客や取引先との信頼を大切にする「ビジネス道」を歩んできたため、気がついたら、その分だけ国際競争力が弱くなってしまっていたのかもしれません。

いずれにしろ、日本企業のそうした経営手法の根底には、サムライ文化の伝統が根強くあると言えるでしょう。

日本に存在する世界最古の企業

世界でいちばん古い企業は、どこの国にあるか知っていますか。

大航海時代に植民地経営に乗り出したポルトガルやスペイン、あるいは、産業革命をいちはやく成し遂げたイギリスやフランスを思い浮かべる人も多いかと思いますが、答えは、なんと日本です。

大阪に本拠地を置く建設会社の金剛組は、578年の創業。飛鳥時代から寺や神社の建築に携わっている「世界最古の企業」です。

四天王寺建立のため、百済から招待された3人の宮大工のうちのひとりによって創立されたのが始まり。以来、1400年以上にもわたって腕利きの宮大工を抱えて、歴史ある建造物の復旧・復興に力を尽くしてきた企業です。

『千年、働いてきました　老舗企業大国ニッポン』（野村進著、角川oneテーマ21）によると、同社は、これまで何度も消滅の危機をくぐり抜けてきており、最近では、2006年に倒産の危機に瀕していたのを一部上場の建設会社の全面的サポートによって、存続に成功しているといいます。

伝統工法の技術を職人が代々継承している特殊な業界だからこそ可能な話で、一般の企業にはあてはまらないと思われるかもしれませんが、同著によれば、日本国内には、いわゆる「老舗」と呼ばれる企業は、無数にあるらしいのです。

創業から100年以上の歴史を持つ企業は、信用調査会社の登録データだけでも3万3000社以上、登録されていない零細規模の事業者も含めれば、一説には10万社以上あるのではないかと言われています。

あなたの地元にも、地酒や名産物などの看板＝ブランドを守り続けている企業がいくつか思い浮かぶはずです。

同著を著したジャーナリストの野村氏は、日本ほど老舗企業が数多く存在している国は、世界中を見渡しても、アジアはもちろんヨーロッパですらみられないことを指摘しています。
ヨーロッパには、家業が２００年以上の会社のみ入会を許される「エノキアン協会」という組織があり、そこの加盟企業中で最古の企業は日本の法師（温泉旅館、石川県）で、７１７年創業とあります。

米国の経済ニュースサイトであるビジネス・インサイダーが２０１４年８月に発表した「世界で最も歴史のある企業」には、金剛組が堂々の第1位に選出。それに次ぐ第２位が山梨県の西山温泉慶雲館（７０５年〜）、第３位が兵庫県の千年の湯古まん（７１７年〜、温泉旅館）と、ベスト10社のうち、なんと1位から3位を日本の会社が占めているのは驚きです。

そもそも、なぜ日本には老舗が多く残っているのでしょうか。

アジア諸国では、かつて欧米列強の植民地として、実質的に支配されていたこと、華人（中国系商人）の旺盛な企業活動によって自国の企業がなかなか育たなかったこと、さらには、華人経営の企業に対しては、東南アジア諸国で自国経済を守るために、資本の差し押さえや押収がなされてきた――といった歴史的背景を野村氏は、同著で詳しく解説しています。

つまり、幸いにして、そうした諸外国の影響を受けることが極端に少なかった日本では、老舗企業が続いていく条件が揃っていたと言えるわけです。

自己変革志向が超老舗の共通点

野村氏は日本に老舗企業が多いことの背景に、もうひとつ「日本人は職人を尊ぶ」ことをあげています。

「老舗企業」には、手仕事の家業や製造業が圧倒的に多く、その技術・技能が親から子、子から孫へと受け継がれていくようなかたちが多いというのは、なるほどとうなずかされるわけですが、意外なポイントは、階層社会における職人の地位でした。

アジアのほかの国では、どちらかといえば「商人」の企業が老舗企業の多くを占め、手仕事などの労働を伴う仕事は、下層階級の人たちの仕事とみなされる傾向がありました。それに対して、日本人は伝統的に「職人」を尊重する気風があり、治世者自らが建築や製造業に乗り出しているのも、ほかのアジア諸国にはみられない傾向であることも紹介されています。

さらに、野村氏の視点で興味深いのは、昔からの伝統技術を守ってきただけの老舗は、詳細な事例としては一社も紹介しておらず、老舗でありながらも、最先端の機器に採用されるなどのユニークな企業を紹介しているところです。

そもそも、老舗として代々受け継いできた技術そのものも、本来は、中国大陸やオランダなどを経由して世界中から伝わってきたものを日本人なりに工夫して、自分たちの国に合うように改良されてつくられたものが少なくないはずです。

伝えられたまま取り入れることはせず、常に自分たち独自のアレンジを加えていき、次第に、お手本にしたオリジナルとはコンセプトからして異なるような、独自の商品・サービスを生み出しているケースも枚挙に暇がありません。

その原動力になっているのは、「昨日よりも今日、今日よりも明日こそはもっと進歩しよう」とする、日本人ならではの求道的精神でしょう。

いわば、自己変革の精神です。

そんな自己変革のプログラムがあらかじめ組み込まれたサムライ文化が、技術開発や日々の「カイゼン」が成果をもたらすものづくりを、何百年もかけて花開かせたと言えるのかもしれません。

就活生も注目の老舗ランキング

就職シーズンが近づくと、学生向けに毎年、さまざまな指標からみた企業ランキングが発表されます。通常は、業績や将来性、給与などの待遇面からみた企業の評価がランキング形式にされるのですが、歴史のある企業のランキングも発表されています。

東洋経済新報社が発表した『設立の古い会社ランキング200』がそれで、有価証券報告書をもとに上場企業を設立の古い順番に集計し、トップ200社をランキングとしてまとめています（61ページ参照）。

老舗上位にランクインしている企業の顔触れをみますと、1873年11月設立の第四銀行（新潟県が地盤）を筆頭に、第2位・十八銀行（1877年9月設立、長崎県が地盤）、第3位十六銀行（1877年10月設立、岐阜県が地盤）など、上位5社はすべて地銀が占めています。

金融が上位を占めたのは、ある程度規模が大きい上場企業だけを対象にしているためと思われますが、逆の見方をすれば、地域に根差している老舗企業がたくさんあるからこそ、そこに必要とされて存続している存在なのが地銀なわけです。

そして、第6位の太平洋セメント、第7位商船三井など、それに続く企業はいずれも、業界では絶大なる地位を築いている企業ばかりがズラリと並びます。

注目すべきなのは、200社中、1800年代設立の企業は50社にも及び、記事発表の2015年時点で設立後100年が経過している企業も109社もあることです（2018年

設立の古い会社ランキング

順位	社名	設立 年/月	業種名	従業員数（人）	平均年収（万円）
1	第四銀行	1873/11	銀行業	2,580	686
2	十八銀行	1877/09	銀行業	1,557	618
3	十六銀行	1877/10	銀行業	3,445	672
4	四国銀行	1878/10	銀行業	1,427	630
5	百五銀行	1878/12	銀行業	2,947	701
6	太平洋セメント	1881/05	ガラス・土石製品	13,059	788
7	商船三井	1884/05	海運業	10,508	1,001
8	ダントーホールディングス	1885/08	ガラス・土石製品	183	490
9	日本郵船	1885/09	海運業	33,520	1,020
10	東京ガス	1885/10	電気・ガス業	16,835	664
11	東京製綱	1887/04	金属製品	1,800	502
11	三菱倉庫	1887/04	倉庫・運輸関連業	4,452	754
13	神栄	1887/05	卸売業	624	641
14	帝国ホテル	1887/12	サービス業	1,922	549
15	クラボウ	1888/03	繊維製品	4,628	529
16	ＩＨＩ	1889/01	機械	28,533	731
17	ユニチカ	1889/06	繊維製品	4,458	506
18	東海汽船	1889/11	海運業	329	728
19	若築建設	1890/05	建設業	713	748
20	シキボウ	1892/08	繊維製品	2,791	481
21	攝津製油	1893/01	食料品	160	619
22	大分銀行	1893/02	銀行業	1,957	602
23	オーベクス	1893/12	繊維製品	327	519
24	大日本印刷	1894/01	その他製品	39,451	697
25	紀陽銀行	1895/05	銀行業	2,649	583
26	スルガ銀行	1895/10	銀行業	1,831	793
27	三重銀行	1895/11	銀行業	1,289	586
28	大東紡織	1896/02	繊維製品	102	511
29	富士紡ホールディングス	1896/03	繊維製品	1,519	652
29	大垣共立銀行	1896/03	銀行業	3,452	648

出典　東洋経済オンライン『就職四季報プラスワン』「荒波を乗り越えた『老舗企業』ランキング200」（2015年11月24日付）より、上位30社抜粋。社名は当時。

時点では設立100年超は170社以上)。ランキングには入っていませんが、上場企業の中で創業(会社設立ではなく)が最も古いのが松井建設。

戦国時代末期の1586年創業で、豊臣秀吉の盟友で加賀藩の始祖である前田利家の長男・前田利長からの命を受けて越中守山城の普請にあたったのが始まりと、同記事中で紹介されています。金沢城や名古屋城の本丸再建築工事を手掛ける一方で、最近はソーラー発電所の建設にも従事するなど、時代の変化にも柔軟に対応しています。

腕のいい職人や技能を代々継承してきた中小零細企業から、やがては上場企業にまで成長する企業も多数輩出している日本の企業の強さを改めて教えてくれる事例です。

リーマンショック以降、短期的な成果ばかり追い求める「焼き畑農業」のような経済ではなく、持続可能性を重視する「サステナビリティ」が提唱されるようになりましたが、日本では、そういうキーワードが生まれるはるか昔から「持続可能性」を重んじる経営哲学がありました。だからこそ、社歴100年超の企業が多数生き残っていると言えそうです。

国内産業が世界一になった理由

われわれは、世界市場で圧倒的な人気を誇る日本企業と言えば、かつての家電製品など高性能な工業製品を量産してきた企業をイメージしていたと思いますが、それらが地盤沈下した原因は、ブランディングの失敗と製造業に代わる新しいビジネス分野を、十分に確立できなかったことだと一般的には、思われています。

しかし、工業製品に限らず、これまで日本人が「当たり前」と思って気づいていなかっただけで、日本国内における商品・サービスの中でも、世界標準からすれば、相当に高い品質と信頼性を保持しているケースは数えきれないほどあります。

実際に、日本国内で鍛えられてきたドメスティックなサービスや店舗運営、インフラ、各種のコンテンツなど、ありとあらゆる分野において、海外からの来訪者から自国にはない日本の優れたところであると紹介されるケースが増えてきました。

近年、日本の多彩な食文化が一堂に会した売り場として「デパ地下」なども注目を集めているようですが、私は、日本の都市の利便性を表す、象徴的な存在がコンビニエンスストアだと思います。

およそ１００平米のこぢんまりとした店内に揃えられた商品は約３０００アイテム。弁当だけでも20種類以上、おにぎりは三十数種類。総菜、スイーツにパンはよりどりみどり。レジ横にあるコーヒーマシンで本格コーヒーが楽しめ、奥の冷蔵棚にも飲料がギッシリ。そのほか化粧品や文具・日用品に下着などの衣類もあり、雑誌や新聞は、書店顔負けの品揃え。

さらに、銀行ATMや、各種チケットが発行できる端末も設置。レジで公共料金の支払いができるのは、もはや当たり前。宅配便サービスに、地域によっては、住民票の受け取りまでOKと、医薬品など一部特殊なものを除いて、生活に必要なありとあらゆるモノとサービスがワンストップで揃う空間が「コンビニエンスストア」なのです。

しかも、それだけの商品を24時間営業で365日休みなく提供していて、なおかつ、売れ筋商品については、いつ行ってもほとんど欠品なく提供されているのですから、これは、ある意味、長い流通の歴史からしても、奇跡的なことかもしれません。

単にマニュアルで業務を標準化していくというような単純なものではなく、「エンドレスな自己実現」を志向する日本人が、現場においてひたすら日々改善し続けていくことでしか実現できないものです。

店舗運営の神髄とも言える独自の商品管理のノウハウを武器にして、一部のコンビニチェイン本部は、積極的に海外進出していますが、100メートルごとに競合店があると言われるほど国内の競争で鍛えられただけに、その力は海外でも十分に通用しています。

セブン‐イレブンを展開する業界最大手のセブン‐イレブン・ジャパンの親会社であるセブン&アイ・ホールディングスをみると、2016年末時点で北米で8707店を展開しています。

２０１７年には、米国の子会社を通じて、現地のコンビニエンスストアを買収。同社では、子会社が運営する店舗数を１万店まで増やす計画とのこと。国内市場は頭打ちでも、ひとたび海の外に目を向ければ、まだまだ成長の余地がある業界だと言えるでしょう。

流通・サービスのほかにも、日本には、本章の冒頭でオルセン氏があげた宅配便サービスに始まって、分・秒単位で正確さを追求する都市交通システム、安全で事故のない上下水道、清掃のいき届いた商業施設・オフィスビルの管理、たった３ヵ月で更地から建物完成までこぎつけるパワービルダー式の木造戸建住宅建築など、あげだすときりがないくらい、日本人が独自につくり上げた都市生活の快適・便利サービスは豊富にあり、そのどれもが、今後海外へ輸出していけば、大きく稼げる力を発揮できるものばかりです。

自動車・化学に続き観光が第３位

日本製の商品・サービスを海外に展開して、ビジネスとしての成果を上げることについて、日本人は、これまであまり熱心ではありませんでした。

それは、国内市場だけでも、そこそこの収益が得られていたためであり、わざわざリスクを犯して海外に出ていくほどの必要性を感じていなかったからでしょう。

ところが、高齢化が急速に進んで、人口減少が年々深刻化していく中で、国内市場は縮小する一方。最近になって、これまで海外展開はまったく視野に入っていなかった不動産業や建設業などの企業が、次々と将来計画の中に海外進出を事業の柱と位置づけています。

また、自国に外国人を呼び込む観光振興もどちらかというと苦手なほうで、自分たちは、世界中を旅行しに行くけれども、外国の人たちにより多く来てもらえるような施策を講じることに、日本人は、今ひとつ熱心ではありませんでした。

その様相が変わったのは、東京五輪の招致活動で「おもてなし」というキーワードが使われたころから。地方自治体や各種の団体が外国人観光客誘致に本気で取り組むようになりました。

「ジャパン・ブランド」の旗印をかかげて、国をあげて日本を売り込もうという動きもあり、ここへきて、その成果が出てきました。

観光庁の発表によれば、２０１７年の訪日外国人旅行消費額は、総額４兆４億円。この金額は、わが国における２０１６年度・主要品目別の輸出額と比較すると、自動車、化学薬品に次ぐ第３位、半導体など電子部品の輸出額とほぼ同規模です。

ようやく、日本人も、自分たちがこれまで見逃していた可能性に気づいたということなんだと思います。

日本人は、古来、外からの文化を取り入れることには、恐ろしく熱心に取り組む反面、自分たちの文化を外に向かって発信することへは、驚くほど怠惰というか、不熱心でした。

自分たちの文化はこんなにすごいよと、声高に主張することに、強い苦手意識を持っていたと言い換えてもいいでしょう。

欧米社会が常にグローバルを意識した展開ができるのは、彼らがもう何百年も昔から、世界中にキリスト教の宣教師を送り込んで、自分たちとまったく文化が異なる〝異教徒〟たちに対して、自分たちの宗教と思想を広めてきた歴史があるからです。

しかし、宣教師たちが、そのために徹底して論理学や修辞学を学んでいたことは、日本では、あまり知られていません。

異文化の壁を意識して、どうすれば自分たちの文化を世界に広めることができるのかを学ぶ動きが、日本でもようやく本格化してきましたので、これからその成果が徐々に現れてくるでしょう。

コンテンツビジネスはなぜ有望か

日本で、これからもいちばん有望なのがやはりコンテンツビジネスでしょう。

世界経済を牛耳ってきた国の文化は、必ずと言ってもいいくらい、広く諸外国に伝播して隆盛を極めるもの。たとえば、20世紀において世界でいちばん広い層に支持された大衆文化を生み出したのは、間違いなく米国でした。

その最強のコンテンツとして君臨し続けたのが、ディズニーとハリウッド映画です。

ディズニーは、独自の制作手法によって、定期的に映画作品をヒットさせる一方、ありとあらゆるグッズにそのキャラクターの使用を許諾しているばかりか、その世界をテーマパーク空間で体験できるディズニーランドを各都市に展開して、世界中の人々を魅了しています。

本国のウォルト・ディズニー・カンパニーの年間売り上げ規模をみてみますと、約6兆2000億円（2017年9月期）となり、米国のダウ工業平均の中で、ゴールドマン・サックス・グループやインテル・コーポレーションなどと並んで営業利益率が高い会社上位10社以内にランクインされるくらいですから、コンテンツビジネスがいかに有望かわかります。

ディズニーのキャラクターは、全世界で莫大な著作権使用料を稼いでおり、ミッキーマウスだけでも、その関連グッズの総売り上げは、なんと年間8100億円、くまのプーさんでも、5130億円（いずれも2010年）にも達していると伝えられています。

ディズニーの強さの秘密は、かつてキリスト教の宣教師が命がけで世界中の国々を訪れては、現地の人たちに教義はもちろん、さまざまな文化を熱心に伝えていったのにも通じる伝道精神にあると思います。

たとえば、ディズニーランドで働くスタッフには、ディズニーの歴史や基本コンセプトを学ぶセミナーの受講が例外なく義務づけられています。さらに、社内のスタッフだけに限らず、その対象は、取引先にも及びます。

実は、私もそれを受講したことがあります。私がかつて社長を務めていた異文化研修を行うインテック・ジャパンで、ディズニーシーを建設するとき、オリエンタルランドの社員向けに、来日する米国人スタッフと円滑なコミュニケーションをとるための研修を受注しました。その業務を始めるにあたって、私と営業部長や研修を行う講師たちは全員ディズニーのキャラクターについての詳しい講習を受けたのです。

どんな内容だったのかまで詳しくは覚えておりませんが、ディズニーの歴史から始まって、ミッキーマウスなど主なキャラクターについての解説などもありました。いい年をしたおじさんたちが一堂に会してミッキーマウスについて学ぶのですから、今思えば、「ちょっと笑える（？）」光景だったのではないかと思います。

自社の歴史やコンセプトを取引先にまで浸透させようとするのは、日本企業では、とても考えられないことです。

日本で花開いたポップカルチャー

「アミューズメントコンテンツの巨人」であるディズニーと肩を並べるだけの実力を持っているのは、世界広しといえども日本しかありません。

江戸時代に庶民文化が花開いたころから、自由で豊かな子ども文化の伝統のあった日本で、高度成長時代に雑誌メディアが発達したことによって、漫画やアニメなどのポップカルチャーが百花繚乱のごとく開花しました。それはちょうどヨーロッパのルネサンス期に、メディチ家という大富豪が、レオナルド・ダ・ヴィンチやミケランジェロなどの芸術家を育てたのにも似ています。

豊かさを極めた日本経済が、歴史的にもほかに類をみないほど大規模な大衆芸術のジャンルを創設したと言っても決して過言ではないでしょう。

日本の漫画やアニメの経済的貢献は、作品本体の売り上げだけでなく、ありとあらゆる商品にも波及しているのが特徴です。

グッズ売上高の大きい日本のキャラクターをざっとあげてみますと、アンパンマンが累計4兆5000億円、ドラゴンボール6000億円、ガンダム5400億円。サンリオのハローキティは、年間7200億円程度売り上げていると言われています。

極めつきは、ポケットモンスターで、グッズの総売り上げは、累計で6兆円にものぼると推定されています。

日本の強みは、こうしたキャラクターを新しく生み出すしくみを持っていることです。国内の大手出版社はどこも漫画雑誌を数誌抱えていて、一時の勢いはなくなったとはいえ、編集者が若い漫画家と一緒になって手づくりでヒット作品を生み出すプロセスは、昔と大きくは変わっていません。

子ども向けばかりでなく、大人の鑑賞にも十分に堪え得るだけの質の高いコンテンツを豊富に取り揃えていますから、その点でも幅広いターゲットを取り込んでいます。

また、アニメーションの世界では、日本国内ではディズニーにも劣らない根強い人気を誇るスタジオジブリが頂点に君臨しています。大ヒットをいくつも抱えていて、初期の作品はくり返しテレビで放映され、そのたびに高い視聴率をとっています。

同社の作品は、ヨーロッパや米国でも、たびたび各種映画祭で部門賞を受賞するなど、海外でも非常に高く評価されています。

2022年度中に、愛知万博跡地のある長久手市の県営「愛・地球博記念公園内」に「ジブリパーク」が開業される予定です。公園は広さが約200ヘクタールあり、5つのエリアに『もののけ姫』や『ハウルの動く城』ほか、かずかずのジブリ映画に出てくる建物やスペースの本物を再現していくといいます。

アニメやゲームなど日本のポップカルチャーは、すでにアジアの中で不動の地位を占めています。それ単体での売り上げにとどまらず、これらソフトの資産を有効に活用することで、今後は、ありとあらゆる分野で日本企業の製品やサービスをアピールする絶好のツールになるでしょう。

われわれに足りないのは、海賊版が無数にはびこる中でも、宝のようなコンテンツから確実に収益を上げる「巨大産業」として展開していくビジネスサイドのノウハウなのではないかと思います。

日本人が最も苦手とすること

自国の文化をどう扱ったらいいのかわからないまま、海外では、ひたすらグローバルに適合することだけにとらわれているのが日本企業。それでいて、進出先の国で無自覚に自分たちのやり方を押しつけようとして、山のようにトラブルを引き起こしています。

そうした海外での失敗は、ほとんどメディアに報じられることもなく表面化しませんので、あまり目立たないのですが、国内では破竹の勢いで大成功を収めている企業が、海外では思いのほか大苦戦しているケースは枚挙に暇がありません。

そうなってしまうのは、日本人には、これまで「異文化」に適応する経験が浅かったためです。

ある経済誌の調査によれば、日本企業による外国企業のM＆Aは「9割が失敗」という結果が出ているほどです。

古くから海外展開している自動車メーカーなどを除いて、これから積極的に海外展開していこうとしているサービス・販売業などは、文化が異なる進出先の国の人たちをどのようにマネジメントしていけばいいのか、多くの企業が悩み苦しんでおり、当分は試行錯誤が続くでしょう。

異文化が苦手なサムライ文化の日本人が、学ぶべきなのは、グローバルスタンダードを武器に世界中に進出する欧米企業ではありません。日本と同じく、欧米からみれば、アウトサイダーでありながらもしたたかに独自文化を広めていく北欧出身の企業群です。

日本人が最も苦手とするのが「自分たちの文化の素晴らしさ」を外に向かって、わかりやすく発信することです。

10年くらい前から「クール・ジャパン」に代表されるようなアニメやゲームといった日本のサブカルチャーを世界に輸出していこうという機運が生まれていますが、そういう分野に限らず、ごく普通に日本人が利用しているサービス・商品の品質の高さ、使い勝手のよさなどをアピールしていくことに、これまであまり力を入れてきませんでした。

伝統的に、自分たちの文化を世界に広めていこうというミッションの精神がとりわけ弱かったからなのですが、北欧から来たイケアやH＆Mが、異文化の中でも、自分たちのスローガンや考え方を誠実にアピールしてきたのとは対照的です。

彼らの事業展開をみていくと、他社との比較で価格面の競争だけでなく、品質のよさを「自国の文化」に根差したものとして紹介する努力が、これからは必要不可欠となることがわかります。

北欧系企業の多くは、ほかの欧米巨大資本のように、巨額の広告宣伝費を投入して、自社の店舗や製品を広くアピールすることは、ほとんどしません。

２００８年に、日本にH＆Mが進出した際には、さすがに全国紙に全面広告は出したものの、それよりもはるかに多かったのがニュースとして取り上げられたパブリシティでした。

新聞やテレビなどでこぞって取り上げたのは、ユニクロやGAPなどと比較し、前面に打ち出されたトレンド性や高級ブランドとのコラボレーション企画でした。各国で好評を博した戦略が日本でも話題となったのです。H＆Mにしろイケアにしろ「北欧のブランド力」の威力をまざまざとみせつけたと言っても決して言いすぎではないでしょう。

日本企業でも、これからの時代、積極的に海外展開されることが予想されるサービス・販売業などにおいて、「日本ブランド」を上手にアピールしていくことができるかどうかが成功の鍵を握るでしょう。

それもエキゾチックな東洋の文化としてではなく、世界最高水準に洗練された日本独自の技術やノウハウ、サムライ思想によって構築された製品やサービスをアピールしなければなりません。その努力を怠らなければ、日本製品・サービスのブランド力は、間違いなく高まるはずです。

そこで次章からは、H＆Mやイケアなど北欧企業が異文化に適応しながらも、どのようにして自らの独自文化を打ち出して成功しているのかを詳しくみていきましょう。

第３章　三代続くＨ＆Ｍの類いまれなるマネジメント力

同族会社もH&Mの企業理念!?

「企業のカルチャーを守っていくという明らかな目標を持って、適切な人材を雇用し、適切に配置するのが大事なことなのです。職務につくということよりも、われわれはひとつの家族であり、仕事の成果よりも〝人〟を大事にすることが大切で、これがわれわれの中心的な考え方なのです」

これは、2012年に発行された海外経済誌のインタビュー記事からの抜粋です。きっと日本の大企業トップの言葉だと思った人も多いと思いますが、実は、この人物、世界的なアパレル販売で有名なスウェーデン系企業・H&MのCEOを務めるカール・ヨハン・パーションン（以下、K－Jパーション）氏です。

会社の従業員を「家族」と呼び、「〝人〟を大事にする」と話す彼は、同社の創業者アーリング・パーション氏の孫。二代目となるステファン・パーション氏が事業規模を飛躍的に拡大した後、創業家出身ではない経営者を挟んで、2009年、売上高1兆5000億円、世界35ヵ国に進出している従業員7万人のトップに、30代前半の若さで就任したのがK－Jパーション氏です。

日本で言えば、ちょうど同時期に、トヨタ自動車の社長に就任した豊田章男氏のような存在でしょうか。

日本の大企業トップの中でも就任時が53歳と抜群に若かった豊田氏よりも、さらに若いこのCEOは、トップに就任した今でも、年に数日、H&Mのストアで接客に立っているという事実が、H&Mという企業のユニークさをよく物語っています。

前記のインタビューでは、こう記されています。

「——顧客に接すれば接するほど、仕事は楽しくなるという。そのため、K－Jパーションは1年のうち2日H&Mのいずれかのストアで働いており、ストアでの接客はH&Mでは幹部の任務となっている。『私は最近ストックホルムのハムガタン・ストアで2日働いたが、とても楽しい時をすごせました』とK－Jパーションは言う」

日本でも似た事例はあるようですが、世界中に進出している企業のトップが販売店の店頭に立って接客するのは、まず常識では考えられないでしょう。

また、記事には、こんな記述もあります。

「コア・バリュー、忠誠心、組織風土、同族会社。K－Jパーションはこれらの理念を基礎としてCEOの責務を果たそうとしている」

「コア・バリュー」とは、同社の全スタッフが共有する「基本的価値観」を意味し、日本企業の「社是」や「社訓」と似たようなものです。それに「忠誠心」「組織風土」「同族会社」とくれば、まるで一昔前の日本企業さながらです。

おもしろいのは、日本では、ネガティブなイメージの強い「同族会社」ですら、自社の理念につなげている点です。

H&Mとは、いったいどんな会社なのでしょうか。組織が最も大切にすべきことをまとめた経営理念コア・バリューが生まれた背景をみていきましょう。

アパレルを起業するヒントを摑む

H&Mと言えば、米国のGAPやスペインのZARAと並ぶ世界的なアパレル企業です。日本には、リーマンショック直後の2008年、銀座店をオープンして上陸を果たして以来、全国各地のショッピングセンターに出店しているのは、すでにみなさんご存じのとおり(銀座店は2018年7月閉店)。その歴史を振り返ってみましょう。

H&Mの歴史は意外に古く、同社の1号店がスウェーデンで誕生したのは、1947年のこと。創業者であるアーリング・パーション氏（1917―2002年）が、故郷のヴェステロスに女性ファッション衣料店「Hennes」（「彼女の」という意味）をオープンしたのが始まりでした。

ヴェステロスは、ストックホルムの西約１００キロに位置する小さな街。そこで肉屋を営む家に生まれたアーリング氏は、幼いころから家業を手伝い、肉の配達や御用聞きなどで接客をはじめとした経営のイロハを学びました。徴兵義務を終えてストックホルムに引っ越した20歳のときに独立。

クリスマスグッズの製造販売を皮切りに、万年筆の販売代理店経営など、いくつかの事業で成功した資金を元手にして女性ファッション衣料店をオープンしたのです。

きっかけとなったのは、友人と連れだって出掛けた米国への視察旅行でした。

現地でシボレーを購入（のちに旅先で売却）し、東海岸から西海岸まで、米国の小売業を視察してまわった際に、まのあたりにしたのは、市場に大量に投入される廉価な商品と、それらがめまぐるしく移り変わる流行＝モードの奔流でした。

このときすでに、友人と一緒に立ち上げてチェイン展開していた高級万年筆の代理店ビジネスは絶好調でしたが、米国で工場を視察した際、ここでも廉価なボールペンの大量生産をみて、やがては本業が厳しくなることを痛感しました。ニューヨークに戻ったアーリング氏の目に留まったのが婦人服チェインの店でした。これから最も有望なのは女性向けのファッションだと確信して帰国後、すぐに店を開いたのです。

当時のスウェーデンでは、まだ女性たちは、自分の洋服を調達するためには、注文服の店へ行って仕立てるか、あるいは自宅で服を縫うことが多く、手軽に買える既製品にしても限られた定番商品ばかりの時代でしたので、流行のデザインの洋服を小売店で自由に購入して着飾るなどという新しいライフスタイルは垂涎の的だったのでしょう。

ちょうど、日本でも戦後まもなくのころから、米国の消費社会の成功モデルを参考にして、流通業が飛躍的に発達していったのと同じように、当時のスウェーデンでも、本格的に消費社会が興隆していくタイミングでした。

独自の「持たない」戦略

故郷に婦人服店を開店したアーリング氏の戦略は、流行の商品をいちはやく店頭に並べて、他店よりも大幅に安い価格で販売するというもの。

今でこそ、ありふれた戦略ですが、それを可能にするために、彼が実践したのが、モダンなデザインの商品を、卸を通さずメーカーから直接仕入れて販売すること（のちに製造委託して自社販売）。そして、もうひとつは、一度売り切ったら同じデザインのものは二度と仕入れずに、新しいデザインの商品を次から次へと投入して商品の回転率を高めることでした。

そうした手法が功を奏して、手軽にオシャレを楽しみたい女性たちの熱烈な支持を得るようになるわけです。そして興味深いのは、成功を決定づけたのが実は、1号店ではなく、首都ストックホルムに出店した2号店のほうだったこと。

魚屋が閉店したあとの庶民的な通りに出店した1号店とはうってかわって、華やかな目抜き通りに位置する大型店としてオープンした2号店には、初日から詰めかける客たちの長蛇の列ができたと伝えられています。

これをきっかけに、「ショッピングバッグが歩いている」ような街のメインストリートに出店する戦略が固まっていきました。現在のブランド「Ｈ＆Ｍ」の由来はその数年後、買収した狩猟用品店「Mauritz Widforss」の在庫に男性向け衣料品があったことから、社名を「Hennes & Mauritz」と名付けたことによります。

さらに、もうひとつアーリング氏の経営手法が特徴的だったのは、出店した店舗がうまくいっても、ほかの事業家のように、その信用をもとに多額の借金をして事業規模を一気に拡大したり、不動産や製造設備に投資して、それらを保有することはせず、ひたすら、事業によって得た手元の現金をもとに次々と新しい店舗を出していったこと。

こうして、自社では一切製造設備を持たず、仲介業者も介さずに製造委託した自社ブランド商品を短期間で売り切るというＨ＆Ｍ独自の手法が生まれたのです。

ありえないほど非常識な人事

アーリング氏は、万年筆販売のPS（ペンスペシャリスト）チェイン店を展開していたころから、マネジメントに類いまれなる才能を発揮していました。

当時としてはめずらしい社内報を作って、そこに各店舗のニュースを掲載したり、閉店時、店舗のドアを施錠する前に、店内の店じまいをしてはいけないなどの客に対する対応をきめ細かく指導するマニュアルを配布するなど、独自のマネジメント手法を編み出していました。

一方で、アーリング氏本人は、婦人ファッションについての深い知識があったわけではないため、店舗運営については、採用した有能なスタッフに全面的に任せていました。これは第6章で詳述しますが、スウェーデンではこうした部下への権限委譲は普通に行われる背景があります。

とりわけ人材採用に力を入れていたと伝えられていて、人事面については、次のようなユニークな方針をとっていたとされ、異文化適応能力がここでも発揮されています。

第一に、人物本位。学歴やこれまでの経歴よりも、人柄を重視。創造的な才能に着目して実務能力を伸ばすことを重視していました。

第二に、担当する職務の領域が明確に決まっている一般的な欧米企業とは違って、専門分野ではない職種や部署にも、あえてスタッフを配属したこと。

たとえば、ファッショントレンドに合った商品を仕入れる購買担当者を、製造ライン部門やサプライヤー関連部門の担当に配転させました。固定観念を避けること、そして、より広い知識を身につけさせ、成長の動機づけをするためです。購買担当者が、製造部門の管理などを経験することで、サプライヤーのネットワーク構築に成功したと言われています。

人物重視で新卒採用した社員にさまざまな部門を経験させていくのが当たり前の日本企業からすれば、特に大きな驚きはないかもしれませんが、専門職採用が標準の欧米企業からすれば、いずれも、ありえないほど非常識な人事制度です。

そうしたマネジメント手法を、故郷での開業以降、ファッションビジネスでも余すところなく活かし、先述したように稼いだお金で次々と新しい店舗の開店に投資していくことで規模の拡大を最短距離で実現していきました。

ファストでなくデモクラティック

Ｈ＆Ｍは、１９６０年代から70年代前半にかけては、スウェーデン国内及びノルウェーやデンマークなど周辺国に出店していましたが、70年代中盤以降、ヨーロッパの主要都市に次々と出店して、「海賊の末裔」ぶりをみせつけるかのような、積極的な海外展開にシフトします。

その立て役者となったのが、アーリング氏の跡を継いでCEOとなる子息のステファン・パーション氏。ステファン氏は、ロンドンなど大都市に出店して成功させた実績をひっさげて、82年CEOに就任。以後、役員会では父親の後ろ盾も得て、欧州全域への積極展開を指揮してきました。

オーストリア、ベルギー、ドイツ、オランダ、スイス、イギリスなど、ヨーロッパ全域の主要都市に出店していき、一部のエリアでは苦戦しながらも、着実に店舗数と売り上げ規模の拡大を実現しました。

そして、世界企業として大きな飛躍を遂げたきっかけになったのが、米国への進出でした。

2000年、ニューヨークに記念すべきH&Mの米国1号店をオープン。場所は、高級ブランド店が立ち並ぶ五番街。創業者アーリング氏の持論である、まさに「ショッピングバッグが歩く場所」を絵に描いたような地区です。

最先端のモードが激突するニューヨークでは、相当苦戦するのではと危ぶまれましたが、低価格でありながら、最新のファッションを楽しめるラインナップは、たちまちニューヨーカーたちを虜にし、以後、フィラデルフィア、ボストン、シカゴなど主要都市に展開。４年後には、カナダにも進出して北米大陸を制覇しました。

このころから、自社デザイナーが、外部の有名デザイナーやモデルとコラボレーションした企画をスタート。通常、低価格では絶対に手に入らない世界的に有名なデザイナー（日本に上陸したときは、コム・デ・ギャルソンの川久保玲氏）の商品を自社ラインナップの目玉にして集客をはかりました。

日本に進出した２００８年当時、低価格でありながらも高いデザイン性を追求する点が、定番ファッション中心のユニクロやＧＡＰと大きく違うＨ＆Ｍの真骨頂だと、専門家たちは解説しています。

銀座店をオープンしたときには、安くて早いファストフードになぞらえて「ファスト・ファッション」とさかんに呼ばれましたが、Ｈ＆Ｍサイドでは、使い捨てイメージが強いその呼称を嫌って決して使いませんでした。

代わりに「デモクラティック（民主的）・ファッション」を標榜しています。高級品を一部の人対象に売る憧れの商品ではなく、デザイン性の高い商品をより広い層の人に提供するという同社の基本スタンスが、この言葉によく表れています。

　こうして、２０００年代後半には、中国や日本をはじめとしたアジア諸国、そして長年の課題だったロシアにも進出し、中東及び北アフリカにおいては、直営ではなく、現地企業にオペレーションを任せるフランチャイズ展開で進出を果たし、２０１７年現在では、ほぼ世界全域での販売活動を行っているのです。

第４章　不可能を可能にしたイケア流世界進出

逆転の発想が時代にマッチ

Ｈ＆Ｍと非常によく似たサクセスストーリーを持っているのが、同じくスウェーデン発祥である家具製造販売会社イケアです。世界約30ヵ国で、３５５店舗を有し（２０１７年12月時点）、日本には２００６年に再上陸し（１９７０年代にも進出したがその後撤退）、シンプルで優れたデザイン性にもかかわらず低価格な商品が人気を集め、以来、横浜、神戸、大阪など主要都市の近郊に次々出店しています。

日本国内での北欧ブランドとしては、むしろ、イケアのほうが有名かもしれません。Ｈ＆Ｍは、社内のマネジメントに、北欧企業独特のスタイルを採用していても、店舗での商品やサービスにおいては、グローバルな流儀を踏襲しているのに対して、イケアは、店舗でのサービスはもちろんのこと、商品そのものからして北欧スタイル、しかもスウェーデンらしさを全面的に押し出しています。

いったい、どんな企業なのでしょうか。その歴史をかけ足でみていきましょう。

創業者のイングヴァル・カンプラード氏（１９２６—２０１８年）は、スウェーデン南部スモーランド地方にある小さな村のエルムタリッドという農場で育ちました。

子どものころから、商売のまねごとをするのが大好きだったカンプラード氏は、小学生にして、自転車で近所の家々を回っては、街で仕入れてきたマッチ、クリスマスカード、種苗、布用の接着剤、鉛筆を販売するビジネスに没頭。

17歳になって本格的に会社を設立したのが思いのほかうまくいき、５年後の１９４８年に、それまで展開していたメール・オーダーと呼ばれる通信販売のカタログに家具を加えたのが、家具ビジネスの始まりでした。

当時、家具といえば、テーブルや椅子、ソファ、ベッドなど、長いあいだ使用されるものであったため高価で、若い世代は通常、両親の家にある家具を引き継ぎ、家具店を訪れるのはめずらしいことでした。

そこでカンプラード氏は、自ら運営していたメール・オーダー・ビジネスの取り扱い製品に地元の家具メーカーが作る家具を加えることを発案。実際に始めてみると、顧客からは好反応を得たのです。

そのころ、店で売られている商品は前述のように非常に高価なものばかりで、そのうえ販売店は高いマージンを得ていました。そこで、競争力のある値段で直接顧客に家具を届けるというビジネスアイデアが、後のイケアにつながっていったのです。

幸い、住んでいた村の近くにあるエルムフルト市の中心地区には、地元で切り出される材木で家具を作る小規模の工場が沢山あり、仕入れ先には困りませんでした。

カンプラード氏は、家具商売の新ビジネスを展開するために、エルムフルトに今までの利益と外部からの借入金をあてて古い小さな工場の建物を購入、それを家具の展示場兼事務所にしました。

この彼の新メール・オーダー・ビジネスは、展示場をつくってからは一層の反響を得て、地元の人だけでなく南スウェーデンからも訪問者がたくさんやってくるようになりました。

１９５０年代はちょうど、スウェーデン経済が好調で国民が徐々に大きな、よりよい住宅を買えるようになっていました。家庭生活は次第に近代的になり、たとえばそれまで屋外にあったトイレを室内に設置したり、水洗式にすることが可能になった時代だったのです。

イケアの成功を決定づけたのは、58年、エルムフルトに敷地面積６７００平米（東京ドーム４万６７５５平米の７分の１）もの大型の家具販売店を出店したことでした。

今でこそ、郊外立地のショッピングセンターは、世界中どこへ行ってもみられますが、本格的な大衆消費社会が到来するまでは、人口の少ない町に大型店舗が進出するのは常識外れの戦略。もしカンプラード氏がコンサルタントに相談していたら、出店計画は即座に否定されていたのではないかと言われるほどです。

ところが、フタをあけてみると、大型店は大成功。スウェーデン全国から多くの客が、当時急速に普及しつつあったマイカーや公共交通機関を使って家具を買いにやってきたのです。

イケアの聖地で行われる幹部研修

人気の秘密は、商品の安さとイケアならではのシンプルなデザイン。このときにはすでに、テーブルなどの家具は「フラットパック」と呼ばれるパーツの状態で平らに梱包されたものを消費者が購入して、帰宅後自分で組み立てる方式が採用されていました。

これにより、組み立てにかかる工程が大幅に省略された製造部門はもちろんのこと、配送部門でもよりたくさんの商品を一度に運べるようになって大きなコストダウンを可能にし、結果的に販売価格を大きく引き下げることができたのです。

１号店出店以降、イケアのコンセプトとデザインは、一般市民が無理をせずに購入可能な、低価格商品を開発するまでに発展しました。

さらに、イケアの世界展開に向けた可能性をより高めたのは、この後の出店でした。

１９６３年にノルウェーのオスロ郊外に出店したのに続き、１９６５年には、大都市である、首都ストックホルムに4万5800平米（東京ドームとほぼ同じ面積）もの大型店を出店。建物は、ニューヨークにある丸い形のグッゲンハイム美術館をモチーフにしたデザインでした。のちに失火のため再建築されることになり、これを機に売り場で買いたい商品を選んだ客は、倉庫まで商品をとりにいくという現在と同じ方式が採用されました。その結果「より安くていい商品を提供する」という同社の理念に、顧客までもが賛同して協力・参加するという前代未聞の出来事が起きたのです。

同社のすべてのルーツは、1号店のあるエルムフルトにあり、今でもこの場所に研修センターが設置されていて、世界中の幹部が集まってイケアウェイ（イケアの流儀）を学ぶといいます。

同業者からの嫌がらせ

しかし、イケアの今日までの軌跡は、順風満帆どころか、ふりかかってくる試練をひたすら乗り越えてきた苦難の歴史でもありました。

地元メーカーから仕入れた家具を展示場に置いて、他店よりも激安で販売していたころ、次第にほかの家具商人たちからあからさまな嫌がらせを受けるようになりました。大きな利益を得ていた家具商人たちからすれば、並外れた安値で販売するイケアは、「掟破りの不届き者」だったからです。

イケアが仕入れていたサプライヤーには、家具商人連合組合から「もしイケアに卸すのならば、あなたとは取引できない」と通告してくるほど。

窮地に立たされたカンプラード氏は、商売敵に悟られないよう、夜中に商品を配達してもらったり、あるときは、別の住所に配達してもらったり。はたまた友人の車のトランクに身を潜めて展示会場に入ったり、抜け道を探して対処するものの、それもやがては通用しなくなるイタチごっこ。一方で、カタログに載せた商品はバカ売れしていたため、「売れるのに商品を仕入れられない」というジレンマに陥っていました。

そこで彼が打開の途を探し求めて到達したのが、サプライヤーを海外に求めること。それが、当時まだ共産圏の計画経済の中で成長のきっかけもつかめずに低迷を余儀なくされていたポーランドでした。

社会主義国ポーランドで家具製造

ポーランドはもともと良質の材木を大量に産出する土地でしたが、家具生産の技術や能力についてはお世辞にもよいとは言えない状況。そこにカンプラード氏は出ていき、当時社会主義国だったポーランド当局と長期的な契約を締結して現地に道具を持ち込み、工場建設の手助けをし、技術指導も熱心に行いました。

こうして、我慢強く商品の品質を高めていきます。

そうした結果、やがてポーランドの家具業界は、見違えるように技術力と生産力をつけていき、イケアにとって欠くことのできないサプライヤーにまで成長しました。

しかし、それがために、ポーランドは、ほかの国の企業からの発注も受けて取引量が増大、仕入れ価格も急騰してしまいます。仕方なくイケアは、ポーランドに代わるサプライヤーをほかの東欧に求めていった時期もありましたが、のちに、両者は関係を修復しました。

冷戦終結後、通貨が暴落して家具業者が次々倒産していく中、ポーランドに恩義を感じていたカンプラード氏は、カタログの販売価格をすえおいたまま、損を承知のうえで、仕入れ価格の40%値上げを受け入れるという前代未聞の措置を講じました。

彼は、自らの成長を支え続けてきてくれたポーランドに対して、そのようなかたちで、感謝の気持ちを表したのではないかと伝えられています。

ロシア恐怖症に陥った幹部たち

イケアの苦難は、ポーランドだけにとどまりません。

数ある同社の海外進出の歴史の中でも、最大の難関と言ってもいいのがロシアへの進出でした。

サプライヤーを求めてポーランドに進出したころから、カンプラード氏は、豊かな森林資源を持つロシア（当時はソ連）との取引を夢見ていたのですが、共産圏の厚い壁に阻まれて、なかなか実現できずにいました。

それが現実になったのが１９７０年代のこと。大型機械や部品を現地に持ち込んで、本棚や椅子の製造を指導したり、製材産業の数社と共同事業を進めるなどの態勢を整えて進出を果たしたものの、規制が厳しかったこともあり、その取り扱い量は、ポーランドとの取引の10分の1にしか満たない規模だったと記録されています。

本格参入が決定的になったのは、それから十数年後、ペレストロイカによって東西の緊張関係が急速に緩和された89年、「ソビエト国内における人口１００万人以上の都市すべてにイケアの店舗が建設されることに対し歓迎の意を表します」と言って、ルイシコフ閣僚会議議長がカンプラード氏をクレムリン宮殿に迎えました。

それをきっかけに90年代、イケアはロシアに巨額の投資を実行。なかでも、最新の技術を導入した生産工場の建設は、同社のそれまでの歴史の中でも異例の規模でした。

ところが、本格的に製造して輸出を始める前の段階で計画は頓挫。工場内の部品が次々と紛失したり、盗難にあったりとトラブルが続発したからです。厳重な監視や行政機関による見回りも役に立たず、事件の背後にはマフィアの存在があり、直接的な脅迫まであったと、カンプラード氏の聞き書きの伝記『イケアの挑戦 創業者（イングヴァル・カンプラード）は語る』（楠野透子訳、ノルディック出版）の中で、バッティル・トーレクル氏は書いています。

結果、イケアは、ロシアからの撤退を決定。正式な損失額だけで6000万クローネ（当時の為替レートで約8億円）にものぼったと記録されています。

この失敗は、その損失額以上に、当時の経営幹部たちの心に深い傷痕を残しました。取締役の大多数が「あの市場には二度と関わりたくない」と「ロシア恐怖症」に陥ったと伝えられていて、90年代後半に再度ロシアへの進出が決定したときには、「誰もが会社を辞めようと思ったくらいだった」と同著には記されています。

しかし、そのような失敗にもかかわらず、カンプラード氏はロシアへの進出計画を決してあきらめることはありませんでした。3回目の挑戦は97年のこと、経験豊富なスウェーデン人でヨーロッパにおける店舗設立時に活躍したレンナート・ダールグレン氏をチーム責任者に抜擢。

彼は、ロシアに初めて来たときには「まるで深い霧や、多くの問題の壁に遭遇したようだ」と語っています。当時のロシアは木材製品の輸入に高い関税がかけられていて、それは、サイズや値段によっては７００％にも上り、関係大臣に輸入課税を下げるように働きかけなければならないほどでした。同時に、自ら四輪駆動車のハンドルを握って、モスクワ中を用地探しに奔走しました。

努力のかいあって、３年後の２０００年にロシア1号店をモスクワにオープン。開店初日には、３万８０００人近くにのぼる記録的な客が押し寄せ、周辺道路は数十キロにも及ぶ大渋滞が発生。翌年の２００1年にもモスクワに大型店舗をオープンし、イケアは、ロシアでの地位を盤石なものにしました。

しかし、そこには、一言でまとめられる成功の秘訣と言えるものは何もなく、あるのはただ「忍耐」としか表現できない、とてつもなく厚い壁としてたちはだかる異文化・ロシアと根気強くつきあってきたプロセスだけでした。

たとえば、林だった土地を購入して、役所に店舗建設の許可をとるために数えきれないほど（49までは数えていたが）申請をしたケース。ところが、新しい都市計画が発表されるとそこは産業地帯に指定されており、木の伐採は禁止されていたといいます。そうした事態にもあきらめないのがイケアだったのです。

ポーランドと同じく、ロシアも90年代後半に通貨危機に見舞われました。撤退していく外国企業が続出する中で、イケアは断固としてロシアに残る決断をしました。結果、それが功を奏して、現地のサプライヤーが負担する生産コストや土地投資にかかわるコストが大幅に下がり、さらには不況の中で優秀な人材を大量採用することに成功したと言われています。

米国や中国で異文化の洗礼

文化的な差異は、アジアほど大きくないはずの米国ですら、イケアは、苦難に直面しています。

フィラデルフィアに店舗を出したのは、85年のこと。以来、次々と新しい店舗は建設されましたが、調子がよかったのは最初のころだけ。世界中のありとあらゆる文化が渦巻いている米国の都市では、イケアブランドだけでは集客が難しく、半数以上の店舗が赤字で苦しんでいたと伝えられています。

イケアが米国のすべての店舗で利益を上げられるようになるまでには、それから二十数年もの歳月がかかりました。製造だけでなく、進出先の文化の影響をストレートに受けてしまう販売サービス業も行っているイケアにおいては、異文化の壁が常につきまとっていたからです。

たとえば、ベッド。イケアは自社の商品コンセプトを頑なに守っていて、世界中で同じ商品を販売しているのですが、あるとき、客からベッドにキングサイズとクイーンサイズがないと言われたことがあり、サイズの大きなベッドを投入したところ、売り上げが大幅に増えました。コアな部分は保持しつつ、少しずつ現地のニーズに合わせた展開ができるのが北欧企業独特の柔軟さとも言えます。

現地のニーズに合わせるなど、一見、どこの国の企業でも行っている当たり前のことのように思えますが、これが実はコロンブスのタマゴ。POSデータをいくら分析しても大きなサイズのベッドに需要があることなどわかりません。マネージャー自らが売り場に立っているイケアだからこそできる柔軟な対応なのです。

世界最大の市場である中国の場合も、文化大革命の混乱がまだ収まりきらない70年代後半から現地のサプライヤーとイケアは取引を開始しています。

以来、少しずつ取引を広げてきましたが、店舗展開のほうは、カンプラード氏ですら「20世紀中には無理」と公言していたほど。ロシアと同じく異文化の壁は厚く、通常のビジネス常識が通用しないほどだったのです。しかし、それもひとつずつ解決していき、1号店は予定よりも大幅に早い98年に上海にオープンして大盛況となりました。そこを足掛かりにして、人口13億人を超える巨大市場を制覇しようとしています。

２０１７年現在、中国国内には７店舗を開店するまでになりました。

小国スウェーデンから外の世界へと果敢に進出するイケアのスピリットは、１０００年以上前に歴史に登場したヴァイキングにつながるものがあることが次章でおわかりになるでしょう。

ヴァイキングがヨーロッパへ侵攻し、やがて略奪の時代は去って、彼らの子孫はヴァイキング商人へと変わっていきます。北欧の人々に伝わる異文化適応能力がそこを源泉とすることは間違いありません。

ヴァイキングの組織マネジメントと異文化で活躍するノウハウが、困難を乗り越え、今イケアが世界約30ヵ国にまで広がっている大きな要因なのです。

第5章　人脈づくりを徹底する「ヴァイキング商人の教え」

なぜか国民性が日本そっくり

あなたは、「北欧」と言うと、何をイメージするでしょうか。

福祉が充実した国、美しいフィヨルドと白夜のある風景くらいで、日本人にとってはあまりなじみのない国々ですが、北欧発の会社や商品となるとわれわれの身近にもたくさんあることに気づくはずです。

「北欧を代表する世界ブランド」はＨ＆Ｍやイケアのほか、自動車のボルボ、携帯電話システムのエリクソンもスウェーデン生まれの企業として、その名を世界に轟かせています。携帯電話機本体で一時期圧倒的シェアを誇っていたノキアは、スウェーデンと同じスカンジナビアに位置するフィンランド生まれです。

スウェーデンの人口は約１０００万人。デンマーク、ノルウェー、フィンランドも合わせたスカンジナビア４ヵ国全体でも約２６００万人と、日本の約5分の1にすぎない経済圏において、世界的企業が生まれてくるのは、もちろん偶然ではありません。

彼らはなにごとにも生真面目に取り組むなど、日本人と非常によく似た国民性を持つ一方、中小企業でもリスクを恐れずに海外市場に乗り出していきます。１０００年以上前、北ヨーロッパの海を縦横無尽に駆け巡った勇猛なヴァイキングの気風が生きているからです。

ヨーロッパを震え上がらせた海賊

「ヴァイキング」とは、８世紀末から11世紀前半までの約２５０年間（「ヴァイキング・エイジ」と呼ぶ）にわたってヨーロッパ大陸を席巻したスカンジナビアの民を指します。

彼らは、精密な造船技術と、羅針盤がなくとも目的地に到達できる独自の航海術を持ち、外洋を縦横無尽に行き来する長期遠征航海もできました（１０７ページ参照）。

当初、彼らがその力をフルに発揮したのは、「海賊」としてでした。高速で移動できる船を武器にしたヴァイキングは、ヨーロッパ全域に出没して略奪をくり返しました。なかには、アイスランドやグリーンランドへ到達して、その地に大規模な植民を行った者たちもいました（１０８～１０９ページ参照）。

北辺の地では痩せた土地が多く、農業はもちろん牧畜を営むのも容易なことではありませんでした。養える人口は限られていたため、この地に住む人々は、生き残るためには、海の外へ出ていくしかない場面も多かったと考えられています。

では、なぜ彼らは大航海を行えるだけの技術を持っていたのでしょうか。

第一に、スカンジナビアの地では、船をつくるのに適した良質の木材が豊富にあったこと、そして採掘の容易な鉄鉱石にも恵まれていたため、木材を加工するための道具類が整っていたことなどの理由があげられます。それ以上に彼らにとって船は、生活に欠かせない日常の足であったことが決定的な要因です。

起伏の激しい土地が多く、深い森に覆われた陸地を移動するよりも、船を使って、入り組んだフィヨルドの海岸線はもちろん、川や湖に沿ったほうがはるかに効率よく移動でき、また船のほうが、収穫した作物や獲物や鉄などの品物を運ぶのにも便利だったのではないかと指摘されています。

船の技術を、後年ヨーロッパ大陸へ縦横無尽に遠征したヴァイキング・シップのレベルまで高めた大きな要因は、やはりスカンジナビアの厳しい海です。

北大西洋の海は荒れやすく、船の難破は日常茶飯事。たとえば、10世紀にグリーンランドへ25隻の船を率いて植民の航海に旅立ったヴァイキングの一団のうち、無事目的地にたどり着いたのは14隻だったと記録されていて、遠洋航海は常に遭難の危険と背中合わせだったのです。

彼らにとって、造船技術と航海術の良し悪しは、まさに生死に直結するものであったため、より安全に航海するための改良が少しずつなされていきました。

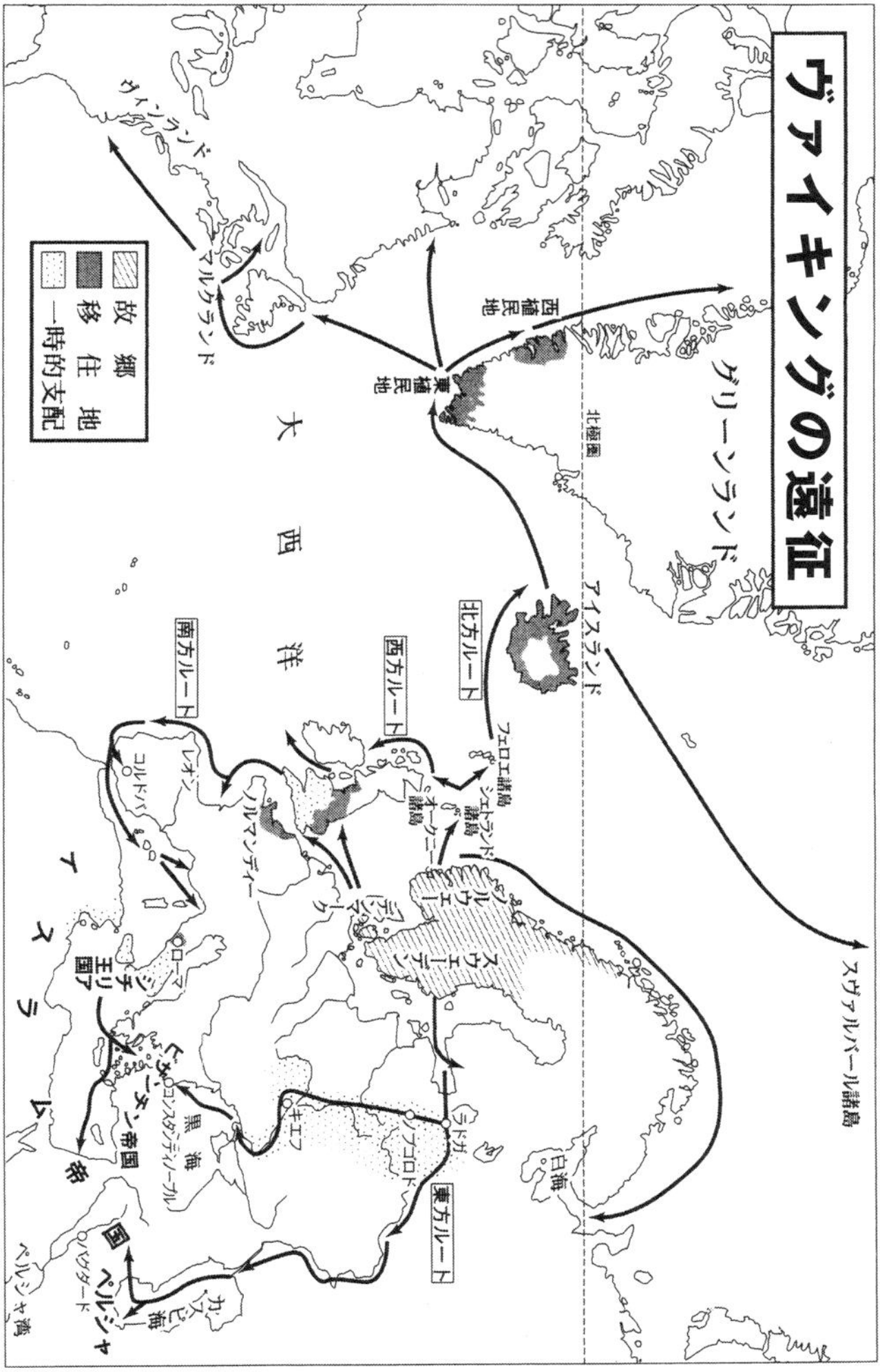

出典　『ヴァイキング　7つの教え　逆境を生き抜く北欧ビジネスの知恵に学べ』（可児鈴一郎、オッレ・ヘドクヴィスト共著、徳間書店）より

3　南方ルート・侵略から国家編	
835年〜	800年代初頭に台頭し始めたデーン人はイングランドに侵攻。少人数での奇襲攻撃を専門とする彼らは、ブリテン島の南部から中央部にかけて縦横無尽に侵略をくり返し、そのたび「デーン税」と呼ばれる、侵略をしない約束をする代わりに多額の賠償金を得るという方法を実施した。
911年	西フランク王のシャルル単純王がヴァイキングの首領に自らの領地を与え、家臣に迎え入れた。集団洗礼と沿岸防衛の任を引き受けて国王に服従を誓うというものだった。こうして成立したのが「ノルマンディー公国」である。
1066年	ノルマン人（北方人という意味で、広義のヴァイキング）がイングランドを征服。
4　東方ルート・交易商人編	
9世紀初頭	スウェーデン系列のヴァイキングがスカンジナビア半島からバルト海（またはフィンランド湾）を渡り大陸に入って活動。現在のポーランドやロシアなど、東ヨーロッパを横断していた。
9世紀末〜	バルト海の都市として栄えたヘデビー、ビルカにおいて活発な交易を行う。
882年	ルース人のオレーグがキエフ大公国を樹立。
862年ごろ	ルース人と呼ばれるスウェーデン出身者たちが、ノブゴロド公国を樹立してスラブ人を支配。これがロシアの起源となった。
911年	オレーグがビザンチン帝国と通商条約を締結。これによって、ルース商人は、堂々とビザンチン帝国入りして自由に交易することが可能になった。
980年	ルーリック一族の子孫ウラジーミルは、異母兄弟が支配していたキエフ大公国に攻め入って、キエフ大公となった。周辺のスラブ勢力も制圧して現在のロシアの基礎を築くことになるのだが、このときにビザンチン皇帝の妹と結婚したのを機にキリスト教に改宗。これをきっかけにロシア全土がキリスト教化することになった。

年表　ヴァイキングの足跡

８世紀末からの約250年間を「ヴァイキング・エイジ」と呼びます。それ以前はヨーロッパ最北端の厳しい自然条件の中で慎ましい暮らしをしてきたスカンジナビア人が、一躍、ヴァイキングとして歴史の主人公となりました。その主な活動のルートは以下の４ルートです。

1　西方ルート・侵略編	
793年	スコットランドの東南の海岸にあったリンディスファーン島の修道院がヴァイキングの襲撃に遇う。ヨーロッパの歴史のなかで初めてヴァイキングが記録に登場。
839年	ノルウェーの首長で「海の王者」と呼ばれたトゥールゲイスが、強力な船団を率いて北アイルランドの海岸を訪れ当地を征服。今日のダブリンであるディフリンを建設して当地の王と名乗って君臨した。しかし、侵略されたアイルランド人は何年も激しい抵抗運動をくり広げ、アイルランド側がトゥールゲイスを捕らえてオーウェル湖で処刑した。
920年ごろ	再びノルウェー人がアイルランドを制圧 、200 年近くにわたって、アイルランドはヴァイキングと戦い続けることになる。
10世紀末	キリスト教に改宗するヴァイキングが次第に増え、ヴァイキングのスカンジナビア文化とアイルランドのケルト文化の融合が進んだ。
1016年	デンマーク系ヴァイキングであるデーン人のクヌートという人物が、イングランド王として君臨。キリスト教に改宗するばかりか、政治的にはアングロサクソン人の貴族を多数登用し、現地の文化を尊重するなど、権力基盤を強固にするため現地に溶け込む政策をとった。
2　北方ルート・開拓編	
861年	ノルウェーにいたフローキは新しい土地を探すため、フェロエ諸島を経由してアイスランドに上陸。
870年～ 930年ごろ	ノルウェーからアイスランドに大規模な植民が行われるようになった。スカンジナビア全域から約３万人が移住してきたとの記録もある。
985年ごろ	アイスランドから単独で航海に出た赤毛のエリクと呼ばれる人物が、ファーヴェル岬を経てグリーンランド西南の海岸に到達。数年後、彼は移住者を募って、グリーンランドに700名が入植するものの、食料不足に悩まされ1500年ごろには、入植したヴァイキングは死に絶えた。

そうした改良が1000年にわたって蓄積していき、やがて危険な海に立ち向かえるヴァイキング・シップの完成をみるのです。

技術における〝ヴァイキング精神〟を一言で言い表すとしたら、それは「逆境をデメリットとせず、それを克服しようとすることによってのみ生まれる文化的進化の果実」です。ヴァイキング・エイジから10世紀以上の時を経た現代のスカンジナビア人、とりわけスウェーデン人にも、このような〝ヴァイキング精神〟が連綿と受け継がれているのです。

9世紀から10世紀にかけて、優れた船の技術を武器にヨーロッパ全域を席巻し続けたヴァイキングのもうひとつの大きな特徴は、それまでの王政国家にはなかった独特の組織風土を持っていたことです。

目的達成のためのフラットな集団

ヴァイキングの社会を理解するキーポイントとして、真っ先に注目したいのは、彼らひとりひとりは、何ものにも隷属しない「自主独立の精神」の持ち主であった点です。

こんなエピソードがあります。885年にヴァイキングがパリを包囲したとき、フランク人から「君たちの王は誰だ？」と聞かれて、ヴァイキングのリーダーは、こう答えたそうです。

「われわれに王はいない。われわれはみな平等である」

自主独立の精神を尊ぶ海の民は、組織に隷属することをよしとしませんでした。だからこそ彼らは、個人の活力を失うことなく、旺盛な活動ができたのです。

また、ヴァイキング組織は、「権力格差が極端に小さかった」ことも特筆にあたいします。王といえども、ひとたび「無能」とみなされれば、自由農民以上が参加するシング（民会）の場において、たちどころに罷免されてしまう民主的な社会を形成していました。

組織のリーダーは「偉い人」ではなく「チームをまとめる調整役」。一方的に命令を出すのではなく、常にメンバーの意見を聞いてコンセンサスを得ることに腐心します。勢い、組織はフラットにならざるをえません。強大な国家ではなく、無数の小さなボート部隊が、共通の目的達成のために集まってできた集団、それがヴァイキングの正体だったのです。

チームワークが海賊の武器

次に注目したいのが、ヴァイキングは、個人主義者の集まりであったにもかかわらず、メンバーそれぞれが自分勝手に行動することなく、抜群のチームワークを発揮して成果を上げていた点です。

日本人の常識からすれば、個人主義者たちが自分勝手に行動すると、チームワークが犠牲になるということになりそうですが、ヴァイキングはそうはなりませんでした。メンバーみんなで協力しあって共通の目標を達成し、その成果もできるだけ公平に分配されたわけですから、これは、当時としては画期的なことだったはずです。

いったい、なぜ、ヴァイキングが個人主義の中に協調性という、まったく矛盾する要素を両立できたのでしょうか。

それは、個人がワガママ勝手に行動するよりも、チームワークを発揮したほうが得るものが大きいことを、彼らが経験的に知り尽くしていたからと考えられています。

もし、チーム内で成果主義的制度が強化されたら、どうなっていたでしょうか。より力強くボートを漕げる者がたくさん分け前を得られたり、先陣を切って数多くの敵を倒した者が収穫物を独り占めできたり、逆に、戦闘でケガをして動けなくなったら、たちまち足手まといと切り捨てられるとしたら、どうなるでしょうか。

成果を上げられなかった者は、やる気をなくし、チームワークは悪化するでしょう。

組織の中に競争原理を持ち込むことは、組織を活性化するうえで不可欠だと考えられています。しかし、それによってチーム内の競争がいきすぎると、おたがいに足を引っ張り合うようになり、人間関係が悪くなることで効率が極端に落ちる結果になりかねません。

成果主義の行き着く先は、ほんの一握りの勝者とその他大勢の敗者を生むだけの、殺伐とした社会です。そのことを体験的に知っていたヴァイキングの組織は、単に、利害関係だけで個人が結びついたものではありませんでした。

フランスの歴史学者であるフレデリック・デュランは、著書『ヴァイキング』（久野浩・日置雅子訳、文庫クセジュ）の中で、次のように述べています。

「――互いに兄弟と見なしあって、かれらは個人的に交渉することもなく互いに情報を一人占めすることもしないことになっていた。かれらは戦いかつ近親のように仲間の仇を討ち、そして地位や職務を考慮することなくすべてが平等に分配されるように戦利品を『柱のところに』持ち寄らねばならなかった」

つまり、共通の利益を目的に集まったチームであるにもかかわらず、まるで兄弟のような人間関係を築いて、その成果を分かちあっていたわけです。

言い換えれば、個人主義者が集まる利益社会の中に、彼ら独特の家族主義的な共同体の要素を持ち込んでいたのです。

これこそが、彼らの組織が抜群の強さを発揮できた最大の秘密だったと言えるでしょう。

団結力といっても、ヴァイキングの場合は、日本人のように個人が組織に忠誠を尽くすのとは、根本的に考え方が異なっていました。

あくまで個人主義を基調として、個人は、みんなで決めたルールに従う代わりに、公平に成果の分配を得られる権利を有するという考え方を持っていました。そして、ヴァイキングの小集団に所属するメンバーには、明確な役割分担がなされていました。

たとえば、幻覚を引き起こすベニテングタケと呼ばれる毒キノコを食して戦う猛戦士は、敵陣に上陸する前から舳先で泡を吹いて暴れまくり敵を威嚇する。それとは対照的に、後方には、冷静に戦況をみながら的確に指示を出す指揮官がいました。

そのほか、船の舵をとる者、海洋を知り尽くした航海士、船が壊れたらすぐに修理できる腕のいい船大工、鉄製の武器をメンテナンスできる鍛冶屋もいました。

リーダーは、そうしたひとりひとりの個性を尊重しながら、チーム全体をうまくまとめていくのです。

北欧ビジネス４つの原点

これらの特徴は、以下の４つにまとめることができます。

〈1〉運命を切り開こうとする個人による活力あふれる組織

比較的フラットな階層しかなく、不毛な偏見もないヴァイキング社会では、より多くの人が一攫千金を夢みて、それを実現することが可能でした。

出身や門地にかかわらず、海外に出ていくことで裕福な暮らしを実現したいと考える個人が集まった集団だけに、自然とポジティブな活力が生まれ、困難な状況に直面しても簡単にめげることのないパワーが発揮できたのではないかと考えられています。

〈2〉ルールを重んじ能力主義を貫く公平な組織集団

遠征によって得られた成果は、職位の高い者が独り占めするのではなく、全員で公平に分配される明確なルールがあったと伝えられています。

また、彼らの軍は完全に能力主義によって編成された組織であったため、臆病で無能な貴族が長に立つことは、ありませんでした。ときには王をも罷免弾劾したと言われるほどのヴァイキング社会では、無能な指揮官はたちまち更迭されたのです。

〈3〉民主的な意志決定によるコンセンサスの形成

戦闘作戦はトップダウンで行われても、組織編成や指揮官の選任などは、全構成員たちのコンセンサスが必要でした。

メンバー全員が参加する民会においては、ときには2週間にもわたって行われるほど徹底した議論が尽くされました。ゆえに、一度決まったルールは、とことん尊重される強い規範性を持っていたようです。

また、ヴァイキング・シップの船長は、乗組員に対して常に航路の詳しい状況を説明しました。重要事項については乗組員全員の意見を求め、意見が分かれたときには最終方針を乗組員たちの投票によって決定したと伝えられています。

討議に全員が参加することによって、協調を保ちながらも個人のパワーを存分に引き出す活力のある組織を維持できたのです。

〈4〉小集団による機動的なゲリラ活動

ヴァイキングの実態は、ひとりの王の名のもとに編成された正規軍ではなく、小集団がバラバラに行動した「ゲリラ部隊」でした。

電撃的な奇襲を好み、略奪するだけして疾風のように去っていくため、いくら軍勢では勝っている大国でも駆逐できませんでした。

ひとつひとつの部隊は小集団であっても、共通の目的を持った部隊がプロジェクトチームのように集まることで大規模な軍勢と化すこともできました。

ゲリラ部隊である彼らの小集団は、ひとりの王が率いる大軍とは異なり、そのつど意志決定を上に仰ぐ必要はなく、状況に応じて臨機応変かつ機敏に行動できるのが強み。スピードを活かした小集団によるゲリラ展開がヴァイキングの強さの秘訣のひとつなのです。

ヴァイキング商人のビジネス書

ヴァイキングは、海賊とは異なる、もうひとつの顔を持っていました。

それは交易商人です。危険を犯して略奪するよりも、各地で信頼を得て交易をするほうが、はるかに安全かつ長期的に巨大な富を得ることができることに気づいた彼らは、やがて世界を股にかける交易商人としても活躍するようになったのです。

13世紀にスウェーデンのビルカという町で起草された『King's Mirror』という古文書からは、ヴァイキング＝海賊といったイメージからはほど遠い、平和を愛するヴァイキング商人の姿が浮かび上がってきます（『ヴァイキングのビジネス・ガイド（The Vikings' Guide to Good Business)』古文書を英訳した小冊子より）。

「海洋を航海するときは、大胆で力強くあるべきだが、一旦陸に上がれば、町中では礼儀正しくゆったりと構え、みなに好かれるようになるべきである」というような、外国で気をつけるべき礼儀作法、人脈の構築法、情報の集め方、自己啓発の心がまえ、商品管理の留意点、リスク分散の投資法など、そこには「真の商人」となるための33箇条が掲げられているのです。

教えの42%が情報収集と人脈構築

『ヴァイキングのビジネス・ガイド』は、商人としてのヴァイキングの素顔を今日に伝える貴重な書物です。異国を旅する交易商人が見知らぬ海外の地でうまく商売をやっていくための心がまえや行動規範が警句として簡潔に述べられており、ヨーロッパ中の海に出没しては略奪をくり返した無法者というヴァイキングのイメージとは、ほど遠い内容のものであることに驚かされます。

ヴァイキングがキリスト教徒に改宗し、ヨーロッパ社会と同化しつつあった13世紀に編纂されたものであるため、すでに平和的に交易を行うようになった商人としてのヴァイキングの姿がこの書物からうかがえます。とりわけ注目にあたいするのが、書かれている33の法則の中の14項目（42%）が情報収集と人脈構築に関するものだということ。

実はここに、ヴァイキングがヨーロッパ社会を席巻しえたひとつの秘密が隠されています。それは、一言で言えば、彼らが備えていた類いまれなる異文化適応能力です。

言語や価値観がまったく異なるヨーロッパ全域で交易活動をくり広げた商人としてのヴァイキングが、のちに莫大な富を築くのに成功したのは、彼らが国際感覚に優れたビジネスパーソンであったからにほかなりません。

早起きの習慣をつけ、まっすぐどこでもいちばんよいと思われる教会へ行こう。礼拝のあとで人々の捧げる祈りに耳を傾け、自分の祈りと聖歌を。

この書物を開いて、真っ先に目についたのがこの記述です。

教会を焼き打ちして略奪をくり返していたはずのヴァイキングが、のちに早朝に教会で礼拝するようになったのはいったいなぜか。

ヨーロッパ各地の商業都市でヴァイキング商人を待ち受けていたのは、きらびやかで壮大なキリスト教文明でした。９世紀にヴァイキング商人が本心から改宗したかどうかはかなり疑わしいのですが、少なくとも表面的にはキリスト教を信奉することで商売がやりやすくなることを知っていた可能性が高いのです。

もともと自分と神々との契約によって現世利益を強く求めるリアリストであったヴァイキング商人が、当時のヨーロッパのスタンダードであったキリスト教に改宗することのメリットにいちはやく気づいたことは想像に難くありません。

したがって、教会へ通うという記述は、この書物が書かれたずっと以前からヴァイキング商人たちのあいだで伝承された知恵の可能性もあり、彼らの経験則かもしれません。そんな彼らの知恵とは、果たしてどんなものだったのでしょうか。

1 現地に溶け込む

訪れた土地の習慣を知るように心がけること。その土地の言葉も覚えておこう。ただし母国語も忘れないように。

『ヴァイキングのビジネス・ガイド』に隠されたヴァイキング商人の知恵としてまず注目したいのは、教会へ行くという記述の中で、ただ単に「自ら祈りを捧げろ」ではなく「人々の捧げる祈りに耳を傾け」となっている点です。

これは、ヴァイキング商人たちが地元の習慣を尊重し、その雰囲気に溶け込もうとする姿勢を強く持っていたことを意味します。それを具体的に表現したのが「訪れた土地の習慣を知るように心がけること」のくだりです。

日本流に言えば「郷に入《い》っては郷に従え」の精神を発揮していたわけで、その点では国際ビジネスを進めていくうえで欠かせない異文化適応能力を持っていたと言えます。

2　現地の商人を観察する

お祈りが終わったら、早速ビジネスにとりかかろう。

その町のビジネス習慣に不案内のときは、そこで最も腕こきと言われている人たちの商売のやり方を注意深く観察しよう。


異国の地でビジネスを成功させるには、現地の情報を集めることが重要だったに違いありません。ヴァイキング商人は、教会に出向いて町の人々と接するのがその第一歩と考えたようですが、ときには既知の取引相手と再会の喜びを分かちあいながら、おたがいに商売の情報交換を行ったりもしました。

ヴァイキング商人たちが手っ取り早い異文化適応術として用いたのが、その土地で活躍する現地商人を観察してまねることだったのです。

3　人脈づくりは宿選びから始まる

町で滞在する場合、親切で、市民や王の関係者などに人気のある主人のいる下宿を選ぶとよい。できるだけ衣食に気をつけ、食事やパーティーの際、粗野な振る舞いをしないこと。

ヴァイキング商人のもうひとつの情報収集手段は、現地の人と親しくつきあうことでした。

特に興味深いのが現地の有力者との交友についてです。

見知らぬ町で人脈を築くためには、まずは下宿選びが大事と説いているわけですが、下宿の主人を通して、町の有力者や「王室関係者」についての情報を得るだけでなく、ときには、現地の権力者と親交を結ぶために、そうした人たちを食事に招待したりして、積極的にキーマンとの人脈を築いていたようです。

朝早くから教会へ出向いて祈りを捧げたかと思えば、町を歩いて現地の商人のやり方を詳しく観察する。地元の名士と積極的につきあって人脈を広げることを心がける。

『ヴァイキングのビジネス・ガイド』からは、謙虚でしたたかなヴァイキング商人の姿が浮かび上がってきます。そうしたイメージは、驚くほど現代のスウェーデン人ビジネスパーソンと重なります。

スウェーデン企業がいちはやく国際化に成功したのは、１０００年以上前から連綿と伝承されてきたヴァイキングの知恵が活かされているからなのです。

4　知識を蓄えて理論武装する

法律の本を読んでおくこと。商人であるならばビルカ・コードに精通すること。そうすれば、不正に対処し、適法な行動がとれる。

ヴァイキング商人が単に目先の商売に役立つ情報を集めるだけでなく、勉強を怠らず、知識の習得を奨励していたことを物語る記述が『ヴァイキングのビジネス・ガイド』のあちこちにかいまみられます。

「ビルカ・コード」とは、10世紀に編纂されたスカンジナビアの商法で、最初に制定されたのがスウェーデンの商業貿易都市のビルカであったため、その名がつけられたと言われています。

ビルカをはじめとした当時のトレーディング・センターは、文字どおり国際都市でした。

デュランは著書『ヴァイキング』の中で、こう記述しています。

「あらゆる国の人びとがビルカにやって来た。アングロ・サクソン人、フリーセン人、ドイツ人、バルト海沿岸の人びと、スラヴ人、ギリシア人、そして東方《オリエント》の人びとである」

言語はもちろん、商習慣もまったく異なる者同士が商取引を行うためには、国際標準とも言えるルールづくりが不可欠。そんな状況の中で、ビルカ・コードを熱心に学ぶことによって理論武装したヴァイキング商人は、次第にどんな相手とも商売ができる優れた国際感覚を身につけていくのです。

5　詐欺と言われない商売をする

商品は常に点検を怠らず、瑕疵のないことを確かめておくこと。
もし瑕疵のある商品を売ることになった場合は、欠陥を隠そうとしないこと。
瑕疵のあることを説明してから交渉すれば、詐欺だと言われることはない。

初期のころのヴァイキング商人にとっては、イチかバチかの航海によって一攫千金をねらえればそれで十分でしたが、後期になって現れる、特定のルートを定期的に行き来する専業の商人にとっては、いくら短期で大儲けしたところで、一度でも取引相手の信用を失うことは、以後の取引において大きなダメージを被ることを意味します。

「相手をだまして売りつける」ことは、結果的には、何の得にもなりません。したたかなリアリストであった彼らは、そうした経験によって「フェアな取引を行う」ことの重要性を痛感し、そのことを後世に伝承するようになったものと考えられます。

第6章　スウェーデン流小さくて最強の組織づくり

略奪や植民から始まったヴァイキングは、やがて世界を股にかける商人として活躍するようになりました。そこに、現代のスウェーデン人ビジネスパーソンと共通する特性をみつけることができます。

その12のポイントをみていきましょう。

グッド・リスナーに徹する

ヴァイキング商人は、訪ねた先で相手の商習慣を尊重し現地に溶け込もうとする姿勢を持っていたのですが、現代のスウェーデンのビジネスパーソンも同じです。

スウェーデン企業が日本法人を設立する場合、トップはスウェーデン人が来日して就任することが多いのです。これは、現地の人と一緒に働くことによって現地の文化を理解しながらビジネスを進めていこうという姿勢の現れとも言えます。

彼らは、自分たちのビジネス慣行や伝統に縛られず、環境が異なった場合には、やり方を柔軟に変えていくことができます。

たとえば、自分たちの商品や流通システムは優秀で、ほかの国でも成功しているのに、日本で売れないのはおかしいと主張する欧米人は多いですが、スウェーデン人の場合、本音では自社製品に対するプライドをかなり強く持っていても、それをストレートに表に出すことは、あまりありません。

自社製品が外国の市場に適応しない場合には、製品特性などをどう変えればよいかを考え、その国に合う方法を模索していくアプローチをとります。

欧米人が日本に来ると、曖昧なことやよく理解できないことが多く、それに対して苛立ちを表しがちですが、スウェーデン人はたとえ曖昧で理解できないことがあっても、すぐにシロクロはっきりさせようという態度をとることも、あまりありません。

基本的に彼らは、小国から来たグッド・リスナーとして、まずは謙虚に相手の話を聞こうとする態度を崩しません。

現代のスウェーデン人ビジネスパーソンも、ヴァイキング商人と同じように、異文化を尊重して適応しようとする姿勢がみられるのです。

足で情報を稼ぐ「ＭＢＷＡ」

欧米の企業、特に米国系の大企業の場合、海外市場進出にあたっては、有名な調査会社に市場調査を依頼するのが一般的です。ところが、スウェーデン系企業ではそういうことをあまりやりたがりません。調査会社に依頼すると多額の費用がかかるということもあるのでしょうが、それ以前に、基本的に彼らは価値のある情報は、常に自分たちが足で歩いて収集するというスタンスをとっているのです。

足を使って情報を集め、それを経営に活かすことを「マネジメント・バイ・ウォーキング・アラウンド（MBWA）」と呼びます。スウェーデン人エグゼクティブは、その鉄則を忠実に実践する行動規範を持っているわけで、その姿はまるで交易地を歩き回って熱心に情報収集に励むヴァイキング商人のようです。

イケアの創業者・イングヴァル・カンプラード氏は、社長職を退いたのちも、早朝に物流倉庫に現れてウロウロしては、現場の労働者と話をしていたそうです。現役時代からの習慣で、かさばる家具を組み立て式のフラットパックにするときの具体的なアイデアは、「歩き回るマネジメント」によって生まれたのでした。

彼らは、経験的に本当に役立つ情報は、本社のデスクに座って書かれたデータだけのレポートからは得られないことを知っています。異文化の国でビジネスを成功させるためには、ヴァイキングのころと同じように、その土地の一流の商人（＝ビジネスパーソン）のやり方を観察してまねるのが何よりも大切なのですから。

教育は実践的知識をはっきり重視

スウェーデン人エグゼクティブには、理工系出身者が多く、スペシャリストとして豊富な専門知識を持っていることもめずらしくありません。文科系出身のエグゼクティブの場合も、大学院でＭＢＡ（経営学修士）を取得したり、欧米の大学や大学院へ留学の経験を持つ人は少なくありません。

教育レベルは日本に負けず劣らず高いのですが、教育についての考え方で日本と決定的に異なるのは、知識偏重ではなく、産業界の中で役立つ、より実践的な技術や専門知識を身につけることに重点がはっきりと置かれている点です。教育機関は、学術研究よりも実学志向で、より実践的な企業専門職の養成に力を注いでおり、優秀な学生ほど給料のよい専門職につきたいと考えています。

企業側でも、スペシャリスト、特に専門知識を持った技術者を手厚く優遇する傾向は強いようです。生産設備を持たず、技術ノウハウを元手にビジネスを展開する企業も比較的多いため、好条件を提示し、労働環境を整備しないと優れたエンジニアをキープできないという認識は企業サイドには、かなり強くあります。

ヴァイキング商人が理論武装を奨励したように、技術立国スウェーデンでは、専門知識や技能を磨くことがグッドビジネスにつながるのです。

日本でも最近は、専門職養成を重視する傾向が目立ってきましたが、大学教育ではアカデミックな学問を修めた新卒者が、総合職として企業に就職する慣習は崩れていません。

足元をみた要求へは厳しく対応

欠陥を隠そうとせず、事前にそのことを説明してから交渉をする――。ヴァイキング商人が持っていた「グッドビジネス精神」は、現代のスウェーデン人にも引き継がれています。

顧客が買った製造機械の修理を依頼した場合、ほかの国の会社なら「製造ラインが止まったら困るだろう」と足元をみて修理費をふっかけてくることもありますが、スウェーデン系企業ならそういうことをされる心配がほとんどありません。

急いで修理を依頼した場合でも、部品を飛行機で運ぶからその分の輸送コストは請求するよとか、クラークの残業分だけはみてくれといった合理的な要求はしますが、それ以上の不合理な要求はしません。

逆にスウェーデン系企業は、足元をみた要求をされた場合、猛烈に怒ります。ユダヤ商法と同じように相互信頼の精神を大切にしますから、それが崩れるとキッパリとつきあいをやめてほかへ乗り換えるでしょう。

しかし、フェアであるがために、日本でのビジネスは不器用な面もあります。

スウェーデンのビジネスパーソンが日本で困るのは、接待費という概念に馴染みがないこと。日本人は、売り込むときにキーマンを接待して事前に人間関係を構築しておいたり、それによって意志決定を斟酌してもらおうとしますが、彼らはそれをしません。注文をもらったのちに、そのお礼として接待することはありますが。

現代のヴァイキング商人は、フェアな精神は受け継いでいるものの、有力者に対して便宜をはからってもらう処世術までは受け継いでいないようです。


個人主義を基盤とした社会、能力優先の機能的組織、コンセンサス重視のルール社会、小集団によるゲリラ戦術組織……。

ヴァイキングの社会や組織の特徴は、国際化に成功している現代のスウェーデン企業の組織が持っている特徴と驚くほど共通する点が多いのです。

そこで、ヴァイキング社会と共通するスウェーデン式ビジネススタイルのポイントをあげて詳しくみていきましょう。

ひとりがいちばん強い

ギアート・ホフステッドという研究者の調査によれば、スウェーデン人は、調査対象となった世界39ヵ国のうち10番目に個人主義的指標が高い民族であることがわかっています（上位3国は、米国、オーストラリア、イギリスの順。ちなみに日本は22位）。

この結果をみると、日本人と比べて、スウェーデン人は組織の利益よりも個人の利益を優先する傾向が圧倒的に強いのです。

スウェーデン大使館のある商務官は、その点を次のように解説してくれます。

「基本的に、スウェーデン人は、困ったことがあっても誰の力も借りずに自分ひとりで解決しようとします。こんな笑い話があります。日本人は困ったことがあると、すぐに親しい誰かに相談しないと『水臭いじゃない、なんでもっと早く相談しないのよ』と言われる。ところが、スウェーデン人は、死ぬ3秒前になって初めて『お願いです。助けてください』と頼むというものです（笑）」

そうしたスウェーデン人の個人主義を象徴する諺が「アローン・イズ・ストロング」です。「ひとりでいることがいちばん強い」という意味で、誰かの力を借りるのではなく、自分ひとりの責任で意志決定したいという彼らの強い自我がこの諺によく表れています。

組織の官僚化という病を強く警戒

スウェーデン人は地位や肩書に関して、まったくと言っていいほど敬意を払うことがないのが大きな特徴です。

「幹部だからといって自分だけ入り口近くに駐車することはできないし、社員食堂にも幹部専用のテーブルなどはない」という例もあります（イケア人事部発行の社内誌より）。

『ＩＫＥＡ　超巨大小売業、成功の秘訣』（リュディガー・ユングブルート著、瀬野文教訳、日本経済新聞出版社）というドイツ人が書いた本の中でも、次のようなエピソードが紹介されています。

創業者が誰からもイングヴァルと呼ばれるだけでなく、イケアで社員は親しく「君」と呼び合うのが方針で、こういうことからも平等意識、連帯意識が強まります。日本企業の例に置き換えると、「○○部長」「△△課長」と肩書つきで呼ぶのでなく、「○○さん」「△△さん」と名前で呼び合いましょうということです。

これは、どの国でも例外はなく、あるとき、ドイツのイケアで従業員の代表が経営陣に対して「これからは自分を『君』呼ばわりせずに、『あなた』と敬称で呼んでもらえないか」と要求したところ、経営陣からこんな答えが返ってきたそうです。

「もし君があなたと呼んでもらいたいのなら、イケアをやめることだ」

経営陣が、呼称にそれほどまでにこだわるのは、フラットな組織を維持するためです。権威主義的な社風を生みそうな種を放置しておくと、組織の官僚化という病に蝕まれかねないことに強い警戒心を抱いているからです。

日常の業務遂行にあたっては、部下は、たとえ相手が上司であっても自由に異論を唱えます。上司は偉い人というよりも、部下が困ったときに相談に乗るコーチやコンサルタントのような存在ということなのだと言えるでしょう。

「より平らな組織」をつくる

スウェーデン企業の組織体系について語られるとき、決まり文句のように出てくるのが「フラット・オーガニゼイション」という言葉です。

トップと現場スタッフ間の階層が極度に省略された「より平らな組織」という意味です。ある程度規模が大きいところでは、組織はピラミッド型にならざるをえません。スウェーデン系企業の中には、一時期、組織が肥大化して効率が悪化する大企業病に冒されたところもありました。

そこで登場したのが、スウェーデン流組織の分社化戦略です。

肥大化した組織を改革するために、各部門をより小さな組織に分割。そのうえでそれぞれを独立採算性にして、権限を与える代わりに責任も持たせたのです。

現実には、経理や総務などの間接部門などは、分社化して別々になるとかえって効率が落ちるデメリットもあるのですが、それでもあえて彼らは分社化を選びます。

小さな会社でも、その経営を任された人の責任感がより強くなったり、意志決定がより早くなるメリットが得られるからです。

また、大きな組織をマネジメントするのは、経営者として相当高い能力を求められますが、組織をより小さな単位に分割することによって、経営者として抜群に高い能力を持った人でなくてもマネジメントが可能になるメリットもあるわけです。

部下への権限委譲は当たり前

「マネージャーは部下に権限を委譲しろ」とは、昔からよく言われることですが、いまだに部下に細かい指示や命令を出さないと、うまくいかないと考える管理職もいるのが日本企業の現実ではないでしょうか。

スウェーデン企業では、権限委譲が文字どおり実践されているのが大きな特徴です。

現場レベルのスタッフは、上司から目標さえ与えられれば、細かい指導や指示などなくても、具体的なやり方は自分なりに考えて取り組みます。部下は、自分がやりやすいようにやる。その代わり結果については厳しく責任を追及されます。

日本企業の場合、現地マネージャーを信頼せずに身内で固めてしまい、マネージャーをハード・コントロールしがちです。その結果、マネージャーはいちいち上から細かい指示を受けて動くため、いつもストレスがたまりがちです。

トップは、現地のマネージャーを全面的に信頼して任せる。一方で、任されたマネージャーは、その信頼にこたえるために最大限の努力をする。そうした関係がうまく築けないまま自分たちのやり方を押しつける方法では、グローバルな展開は難しいのが現実です。

北欧の「謙虚」「中庸」の心

現代のスウェーデン人の特性で、ほかの欧米人とは大きく異なるのが「他人との争いごとを嫌うこと」です。

そのことを象徴しているのが「ラゴム」という言葉。日本語に直すと、「中庸をいけ」とか「ほどほどにしろ」「謙虚であれ」という意味です。

「ラゴム」の語源は、ヴァイキングの習慣からきています。ヴァイキングはみんなで焚き火を囲んでお酒を飲むとき、動物の角でつくった杯で回し飲みしたのですが、できるだけ全員に行き渡るように、ひとりひとりが控えめに飲むのが礼儀だったそうです。つまり、仲間のことを考えて「ほどほど」にしろというわけです。

彼らは、仕事でここぞというときには、強い自己主張をしますが、ふだんはとても控えめであまりワガママなことは言いません。

いつも相手の気持ちや立場も考えて、一歩引いた内容の主張をします。事実に基づいた議論を好んで行い、感情的になって極端な主義主張をぶつけあったり、議論が紛糾することは、あまりありません。

チーム内で対立して関係が決裂してしまうよりも、おたがいに妥協しあって信頼のもとにものごとを進めていったほうがずっと成果が大きいことを、彼らはよく知っているからでしょう。その点ではとても日本人と似ています。

個人主義だから連帯して助けあう

北欧人は、個人主義のデメリットを修正するための「戒め」をたくさん持っています。「ラゴム」のほかに、スウェーデンの国民性を象徴する言葉として知られているのが英単語の「ソリダリティ」です。直訳すると「連帯責任感」という意味で、彼らは、困っている人がいたら、みんなで連帯して助けようという意識が強いのです。

ヴァイキングの戦闘で、メンバーが傷ついたとき、彼らは、仲間を見殺しにすることはせず、おたがいに助けあいました。いつ自分が同じ立場にたたされるかもわかりませんから、より戦闘的になるためには、セーフティーネットが必要なのです。

ただし、彼らの相互扶助の精神は、日本人のように、他人の恩情に頼るのではなく、チーム内に明確なルールや公的な制度として確立してしまおうとするのが特徴です。

こうした考え方は、スウェーデンのみならず、デンマークやノルウェーなど北欧全般に通じるものです。

北欧諸国が戦後、世界に類をみないほどの高福祉社会を実現したのも、歴史的にソリダリティの精神が深く根付いていたからと考えられています。もちろん、高福祉には高負担がついて回りますが、北欧諸国の人たちは、高負担を受け入れてでも高福祉を実現したいというソリダリティの精神が強かったからこそ実現できたと言えるのです。

透明性保持に強くこだわる

チームのメンバーにできるだけ情報を公開して組織の透明性を高めることを「トランスペアレンシー（透明性）」と呼びます。

これもヴァイキングの時代から受け継がれてきたスウェーデン人の重要な行動規範のひとつとなっています。

ヴァイキング・シップの船長が、乗組員に対して航路の詳しい状況を説明したのと同じように、彼らも経営に関する情報は、できるだけ組織のメンバーに公開しようとします。

この点は、権力格差と密接な関係があり、それが大きい組織では、いちいち下の人間の同意を得る必要性はないため、メンバーに情報を公開せずに一方的にトップダウンでものごとを進める傾向があります。

権力格差が小さい組織では、メンバー全員のコンセンサスを重視しますので、できるだけ経営に関する情報を公開することで、事実に基づいた意見を出して、納得いくまで討論しないといけません。

企業内にコンピュータの情報ネットワークが構築されている今でこそ「情報を共有する」という概念は当たり前になってきましたが、スウェーデン企業では、紙で情報管理していた時代にあっても、社内にファイリングの専門家がいて、社内の情報を徹底的にファイリングし、誰でも自由に、それらにアクセスできるようなシステムがつくられていました。

徹底的に説明を尽くす社会

組織の透明性を高めるには、単に情報を公開するだけでは十分ではありません。相手にわかってもらえるように説明を尽くすことも、ときには求められます。

たとえば、同じテーマで会議が何回も開催されるものの、毎回出席者が少しずつ異なる場合、日本なら「事前に資料をお読みください」となりがち。ところが、スウェーデンの会議では、そのつど、延々と前提条件から説明がなされます。

続けて出席している人にとっては、同じ説明を何度も聞かされてウンザリするものですが、主催者サイドとしては、出席者が異なる以上は、あえて同じ説明をしなければ義務が果たせないと律義に考えるのです。

最近、日本でも、何か不祥事が起きたときには、「説明責任を果たすべき」という論調が強くなってきましたが、これもある意味、情報公開のひとつでしょう。

問題が起きたあとであっても、リーダーがきちんと情報を公開して説明できれば、たとえ結果が好ましいものではなかったとしても、メンバーはそれを受け入れます。

ところが、リーダーが説明責任を果たさなかった場合には、その人の信用は失墜しますし、その人がやろうとしていることについて誰も賛成しなくなるということです。

第7章　北欧企業はなぜ人づくりがうまいのか

北欧企業のマネージャーは具体的にどんな点が優れているのか、なぜヴァイキング精神が受け継がれていると感じるのか、以下に、長年スウェーデン系企業に勤務した私、可兒鈴一郎の体験を記しておきます。

スウェーデン企業での実体験

私がかつて勤務していたガデリウスという会社は、産業機械の輸入・製造を手掛けていたいわゆる重厚長大型企業で、最盛期には従業員1600人を抱える事業規模を誇っていました。

経営陣やマネージャーの多くは、スウェーデン人をはじめとした欧米人が占めていましたが、神戸に本拠地をおいていた発電プラント関係の機械技術部門だけは、日本人をトップに置いていました。

東京本社を中心とした輸入商社部門が、どちらかと言えば個人プレーでわりと自由に動いて成果を上げるスタイルなのに対して、神戸のほうは、みんなで一致団結して成果を上げる典型的な日本企業スタイル。そのため、ひとつの企業の中に、北欧型と日本型というまったく対照的なカルチャーが並立していたのです。

日本人管理職との差が鮮明になるのは、大きな会議の席です。輸入商社部門は、事業部長クラスがひとり代表して出席しているのに対して、神戸の事業部だけは、事業部長の後ろに参謀役のお付きがゾロゾロと出てきていました。

その機械技術部門を会社の屋台骨を支える収益の柱になるまで育てたのは、のちに日本人として初めて社長になるCさんでした。

私が新卒で入社して最初に配属された神戸の事業所でお世話になったころ課長だったCさんは、まだ30代後半。商船大学出身の元海軍将校生き残り組で、強烈なリーダーシップを発揮するタイプの上司でした。

Cさんが引っ張る神戸の機械事業部は「鉄の結束」とも言える日本流チームワークを重視することで、徹底した顧客優先の態勢を整えた組織でした。

自らの手腕によって、その組織をつくり上げたCさんは、機械事業部の売り上げを大きく増やした功績によって、のちに社長までのぼりつめたのですが、スウェーデン人マネージャーたちが眉をひそめるようなことも次々断行していたのが記憶に残っています。


たとえば、細かい職務規定文書をつくったこと。

営業であれば、担当する製品、担当する区域、値引き交渉時の裁量額、接待費の額まで、個々が担当する仕事の範囲と権限を実に細かく文書化していくのです。

われわれが売っていたのは産業機械ですので、一般的な消費財のように、営業マンがひとりで突撃して契約をとればそれでよしという世界ではありません。

営業マンが顧客に説明したことを覆す内容を、サービスマンが言ったら困りますから、それぞれの担当で細かくルールを定めておくことは、非常に大きな意味があるのです。細かくルールを定めることによって、個人が勝手なことをせず、チームプレーで支障なく大きな仕事がこなせるようになるということです。

ところが、それもいきすぎると次第に弊害が出てきます。

具体的に言えば、誰もリスクをとらなくなります。

現場からすれば、与えられた裁量以上の値引きは、自分には権限がないから、上司にお伺いを立てようとします。職務規定文書で自分で決められるとされていることですら、次第に上司の指示を仰いだほうが無難ということになってきます。

上司にとっても、オレを頼りにしてくれる「ういやつ」だとなる。上が忙しくなるわけです。上は、情報を一手に握る一方で、部下は断片的な情報しかみることができません。

そんな日本流は、まさに軍隊のようです。歩兵は考えない。戦略は参謀がつくる。参謀的なポストが次々できてトップヘビイになります。スウェーデン人が「あそこはトップヘビイだ」と嫌っていたのは、そんな状態でした。いろいろな部門の参謀たちから企画だとか、見積もり設計だとかが出てきて、次第に組織が硬直化していくわけです。

高度成長時代は、そのような軍隊的組織でも大きな成果を上げられたのですが、ひとたび低成長時代に入り、新しい市場へと展開していく時代になると、状況は大きく変わってきます。そのつど個人が自分で考えてリスクをとらねばなりません。そのとき、細かい規定文書でがんじがらめになった組織は、とたんに弱さを露呈してしまうのです。

タローさんと呼ばれる社長

あれは、Cさんが社長に就任した直後のことでした。

神戸から東京本社に来たCさん。何も言わずに受付を通りすぎようとしたその瞬間、受付係に、こう言われてしまったのです。

「失礼ですが、どちらさまでしょうか？」

彼は、神戸の事業部長ですから、東京本社にはときどき訪れていたはずなのですが、運の悪いことに、たまたまそのときいた受付係が、彼の顔を知らなかったのです。

Cさんがどれほど怒ったことか。怒髪天をつく形相で「バカヤロー、オレは社長だ！」と言ったとか言わなかったとか。

東京本社では、おたがいに役職名で呼ぶ習慣すらない自由な雰囲気がありましたので、新社長の顔を知らなかったことくらいたいしたことないと受付係は思ったかもしれませんが、Cさんとしたら、とんでもない話です。社内報に載った社長就任の写真もみてないとは、何たることかと。

その事件の余波なのでしょうか、「神戸と同じように、東京本社でも全員名札をつけるように」というお達しが出て、セキュリティカードと似たものをつけるようになりました。果たして、その名札に役職名まで記されていたかどうかは、今となっては、定かではありませんが。

Cさんが社長に就任するまでのガデリウスでは、歴代のスウェーデン人社長に対してすら、社員たちは「タローさん」とか「ゴローさん」と名前で呼ぶ伝統がありました（スウェーデン人オーナー一族が親日家だったため、子息5人に日本風の名前をつけていたのです）。

人事は命令より個別合意を重視

典型的な日本型管理職だったCさんと比較すると、スウェーデン人をはじめとした外国人マネージャーたちの特長は際立っていました。

たとえば、肩書にとらわれず、気楽に若手社員の話を聞くこと。私がガデリウスに入社して、神戸の事業部に数年在籍していたとき、異動の希望を聞いてくれたのも、当時すでに重役に就任していたスウェーデン人のＢさんでした。

若手社員でも気軽に話しかけられるような雰囲気を持っていたＢさんは、私が社外でコンサルタント業務のコースを受講していたこともあり、私の希望をすんなり聞いてくれて、ＣＰ（コーポレイト・プラニング）と呼ばれる企画調査を手掛ける部署への異動に尽力してくれました。

その代わり、実際に異動するまでには、３ヵ月もの猶予がありました。その間に、ＣＰでは、具体的にどんなことをするのか、企画調査の難しさなどを懇切丁寧に説明されたのを覚えています。

マネージャーたちは、辞令一本で人を動かすということはまずしません。その代わり、丁寧に説明し、今でいう「エンゲージメント（組織と個人の約束・同意）」をキッチリとりつけるわけです。

欧米の企業でも、組織の中の権力格差は厳然とあり、有無を言わさぬトップダウンでものごとを進めていくケースが少なくない中、ひとりひとりの部下とよく話し合って、個別合意をとりつけることにマネージャーたちは腐心していました。そのときに、部下の希望を尊重しつつ、会社の都合との折り合いをつけるような人事が行われていました。

もの静かだが人を育てる名人

私の身近にいたスウェーデン人の中でも、とりわけマネジメント能力に優れていたと思うのが、代表権を持つ財務・経理部門のトップとして来日したQ氏です。

非常にもの静かな性格で、ふだんはあまりしゃべらない人なのに、とにかく人をほめるのが上手でした。

かつての米国人上司などと比べてほめる語彙は多くないのですが、具体的かつタイミングよく人をほめます。日本人なら「目標達成まで、まだ3割残っているじゃあないか」というところを、「7割ももう埋まってるよ。あと3割でいけるじゃあないか」というような言葉が自然に出てくるのです。

減点方式ではなく、積み上げ方式でみていくので、まずここまでできていることを認めて評価する。そのうえで、何が足りないのか、どうしたらいいのかといったことを根気よく話してくれます。

仕事は、スタッフを信頼して任せるのがうまいだけでなく、任せっきりではなく一緒になって問題を解決しようとする姿勢も持っていました。

私のもとの米国人上司もほめ上手で、少しオーバーなくらいほめる人でしたが、その代わり、けなすときも「このヤロー、コンチキショー」という下品な言葉を乱発することがありました。

Q氏には、まったくそういうことがなく、カチンときたことがあったとしても、まず怒らない。非常に忍耐強い。

よくない結果が出た場合でも、それを容認できるというのでしょうか、受け止める力があり、ここでも忍耐強さを発揮し、改善すべきところをくり返し指摘して改善させるマネージャーでした。ただし、曲がったこと、理屈に合わないことが大嫌いで、自分の立場は曲げない頑固な一面もありました。

もの静かなスウェーデン人という面では、もうひとり思い出されるのが、落ち込んだ業績を立て直すために来日して、社長として辣腕を振るったH氏です。

彼もQ氏に負けずもの静かなタイプ。一度方針を決定したらガンとして動かない意志の強靭さを感じさせる経営者でした。

H氏は、５年間の就任期間中に、分社化による事業の再編成などによって、売り上げと利益を倍増させることに成功したのですが、彼の功績としていちばん大きかったのは、時間をかけて人を育てるレールを敷いたことでした。

具体的には、社内につくったビジネススクールに、各部門のラインから任期2〜3年で優秀な社員を11人集めて講師に任命。講師として人に教えるためには、自ら勉強しないといけません。人の興味を持続させてやらなければなりません。キャリアパスのひとつとしてとらえた場合、それは決して無駄なことではありませんでした。

このしくみは、会社全体の人材の質を上げるだけでなく、将来管理職となる人にリーダーシップを身につけさせるには、またとない教育機会だったのです。

収益性の悪化した会社を建て直すには、積極的にリストラを行って短期間のうちに劇的に収益構造を変革しようとしがちです。

そのほうが手っ取り早く数字を改善して、自らの経営手腕をアピールできたでしょう。なのに、あえて遠回りしてでも人を育てようとしたH氏は、日本人以上に日本的経営の本質を理解していた経営者ではなかったかと思います。

明治から現代まで続く外資企業

スウェーデン人が「ヴァイキング商人の末裔」であることを改めて教えてくれるのが、彼らが、一方的に自分たちのやり方を押しつけたりせず、辛抱強く異文化に適用しようとする非常に謙虚な姿勢と柔軟な考え方を持っていた点です。

その典型例とも言える、ガデリウスの創業者であるクヌート・ガデリウス氏（１８６４－１９３２年）のストーリーをご紹介しましょう。

クヌート氏が日本とのビジネスに関心を持つようになったのは、１８９５年に政府から極東市場調査旅行費を得て、アジアへの視察旅行へ出かけたのがきっかけでした。

明治時代の日本は、ヨーロッパの輸出商が無関心だった極東の小さな農業国でしたが、彼は、日本の潜在的な成長力に注目。しかし、そんな彼を待っていたのは、極東の島国での厳しい現実でした。再来日した際に、友人にこんな手紙を書いています。

「もう二度と来たくない気持ちだ。予想外の望ましくない経験をしてしまったから。日本の有名な商社とのコネをつくろうとしてみたけれど、日本でのビジネスはフェアじゃないね。オファーした条件は競争相手に筒抜けになってしまうし、何か新しいもの、未知のもの、特に外国人には冷たい」

極東での厚い異文化の壁に直面したのですが、帰国後この苦い経験をもとに、アジア戦略を立案。困難は多いけれど時間をかければ活路は開けると、再挑戦することにしました。

その結果、1904年にシンガポールに会社を設立し、早くも3年後日本への進出をもくろみます。

07年、クヌート氏はシンガポールの会社を弟に任せて、横浜に日本での最初の事務所を開設。本社を東京に移し、大阪、神戸にも支社を置き、外資の草分け的存在となったのです(ヨーロッパ系外資としては最古)。

日本でのビジネスは、非常に時間はかかりましたが、粘り強い努力のかいあって、徐々に伸展していきました。

スウェーデンの灯台灯器、食品分離器、蒸気タービン、紙パルプ製造プラント、鉱山機械などの輸入が増え、第一次大戦前後から関東大震災のあった年(23年)にかけて、日本の好景気や工業化の進展に合わせてガデリウスも急成長していったのです。

やがて彼は日本の文化・産業界にも溶け込み、無類の親日家となったのでした。日本で5男2女をもうけ、子どもたちの名前は、タロー、ジロー、サブロー、シロー、ゴロー、ヤエコ、キクコと、すべて日本名にするほどの入れ込みようです。

「日本人をひとりも解雇しない」

第二次大戦後、クヌート氏に代わって会社の経営を切り盛りした長男のタロー氏には、クヌート氏と同じ哲学がありました。それは、日本に根を下ろして事業をする以上、日本人を社員として育て登用すべきとする考え方です。

在日の外資系企業は、レディメイド（即戦力）の人材を採用して、価値がないと判断すればすぐに解雇する人事を行いがちですが、タロー氏はそうしませんでした。

戦中戦後を通じて、国内では数少ない外資であったガデリウスには、思うようにヨーロッパから資材を調達することができずに苦しい時期が続きました。そのとき、タロー氏は日本のコストを削減するためにひとりたりとも日本人を解雇することはせず、スウェーデン人を国に帰しました。そしてこう言ったと伝えられています。

「ガデリウスは、あなたたち日本人とともにある」

タロー氏は日本人の心情をよく理解し、日本人の文化の領域にまで踏み込んだ人でした。おかげで、そのころ在職した人はほとんど辞めず長く勤めたと言われています。

タロー氏には人の心をつかむ天賦の才がありました。そのような人が長くトップを務めたことによって、ガデリウスには「人を大事にする」というカルチャーがより一層根付きました。

クヌート氏が残した「日本人のために、日本人とともに」という精神は、タロー、サブロー、ゴローと引き継がれ、第二次大戦後は、空気予熱器などの優れた技術による製品にも恵まれ、日本の紙パルプ、電力、機械、造船などの主要産業を顧客とし、一時は従業員1600人を擁する企業に成長したのです。

残念ながら、その後ガデリウスは、90年代から始まったグローバリゼイションの中で合従連衡の激しいうねりに飲み込まれてしまいましたが、海賊商人の伝統を受け継ぐ商社部門だけは、規模はかなり縮小したものの、現在も生き残っています。

第8章　シンボリック・リーダーが成長の原動力

自主的に目標に向かって邁進

あるチームの中に入ったメンバーは、まるで人が変わったかのように、それぞれのアプローチを追求しつつ、自主的にひとつの目標に向かって邁進する。

常に、上から課せられた数字と目標管理にがんじがらめにされながら職務を遂行していく日本人にとって、そんなことは、小さなベンチャーか何かの話で、世界中に進出している巨大企業のマネジメントの世界では、まず起こりえないと考える人も多いでしょう。

ところが、H&Mやイケアのような成長を遂げているスウェーデン企業では、それに近い現象がそこかしこにみられるのです。

いったい、どこがどう今の日本企業と違うのでしょうか。

まずは、一般的なスウェーデン系企業におけるマネジメントの特徴を整理しておきますと、現場主義の部分をのぞけば、グローバルに展開する多国籍企業の多くで実践されている、目標管理型のマネジメントスタイルです。

階層を減らすと業績が急改善

では、北欧流マネジメントの具体的なケースをみていきましょう。

「僕が入社する前、日本人社長だったころは、毎年３〜４割のスタッフが辞めてましたが、今ではほとんどの人が続けて勤務してくれています」

そう話すのは、世界中に３万人を超す社員を擁するスウェーデン系企業の日本法人のＬ社長。数年前、30代にして日本法人のトップに就任。それまで低迷していた業績を短期間で改善させることに成功した辣腕社長です。

彼が手掛けたのは、まずは組織改革。日本法人の社員60人程度の中で９つに分かれていた階層を４つまで減らして、組織の風通しがよくなるよう心がけたと言います。

「人って、不満を持っていても、吐き出したらスッキリするじゃないですか。解決しなくても、聞いてくれるだけでも違うでしょう。だから、不満を言いやすくしたんです」

スタッフの意見をよく聞くのが、スウェーデン流マネジメントスタイルだと言います。

「いきなり『こうしなさい』と命令するのではなく、『こう考えてるんだけど、どう思う？』とまずは聞きます。『私は反対です』と言われたら、その意見に対して、ほかのメンバーからも意見やアイデアを出してもらいます。結果的に、自分が考えた方向にうまく導くんです。当然、時間はかかりますが納得は得られます」

芯は強く持っていても、決して表に出さない。どうやったら部下にわかってもらえるかを常に考えるのがマネージャーの仕事だと言うのです。

L氏は、日本に進出してきた当初からのH&Mやイケアの内情に詳しく、こう話してくれました。

「H&Mは、素晴らしい会社。あれだけ伸びている会社で、競争も激しいはずなのに、人がほとんど辞めていない。この会社でがんばって残りたいと思っている人も多いように思います」

その秘密は、「社員を大事にしているから」だと言います。

「日本に進出して以来、業績が急激に伸びていて、店舗数も増えています。その要因として大きいのは、ひとりひとりの意見が通るところ。バイトさんであっても、ほかの社員と同じチャンスが与えられていて、正社員になり、さらには店長になっている例もたくさんあります」

それは、成長している企業だからできること。

「出世機会が多いんです。どんどんお店を出してますと、今日は10人だった店長が翌日には11人必要になってきます。しかも、店舗経験した人を畑違いの人事や経理に配転させたりもしています。また、日本人スタッフでも、外国へ転勤になるケースもあるようです」

いくら競争が激しくても、スタッフ同士で足を引っ張りあったり、人間関係がギスギスしたりしにくいのは、業績がいいというだけでなく、活躍の場がグローバルに広がっているからであり、これから述べる組織マネジメントが生きているからです。

企業文化をつくった本田宗一郎

あなたは、もし肩書なしで仕事をしろと言われたら、どうしますか？　おそらく多くの日本人ビジネスパーソンは、どうしていいのか、ほとほと困惑するでしょう。

そんな難しい試みを続けているのがＨ＆Ｍ。肩書をできるだけ排除してスタッフをマネジメントしていくのが彼らの大きなテーマになっているのです。

「日本では、風習に合わせて名刺に肩書を記していますが、ほかの国では、当社スタッフは肩書を一切記載していません」

数年前、北欧企業のマネジメント手法を著書で紹介するため、Ｈ＆Ｍ日本法人を取材したときに、広報部門のマネージャーにそうキッパリと言われたことを思い出します。

ちょうど新しいスタッフを集めた社員研修を行っていたところで、同社の社員教育の特徴について質問すると、「シンボリック・リーダーシップ」なる研修を行っていると話してくれました。マネージャーは、こう説明します。

「リーダーシップというのは、ただマネージャーの肩書をつけることではなく、シンボリックに自分から率先してものごとを行ったり、手伝いに入るということをして、現場の人がついてくるという考え方です。部下に、『これをやれ、あれをやれ』と命令するのではなく、マネージャーが率先してやることによって、それをみている人たちがついてくる、ということを研修で教えています」

まるで、日本語の「率先垂範」を実践しているかのような考え方です。

日本ではどこの企業でも、課長だから、部長だからという職位による指揮命令権によって人を動かすことが当たり前のようになっている中、海賊の末裔である彼らが、その根本部分から変えようとしているのは、非常に興味深いところです。

では、「シンボリック・リーダーシップ」とは、具体的にどんなものなのでしょうか。

ハーバード大学のテレンス・ディール教授とマッキンゼー社のアラン・ケネディ氏が『シンボリック・マネジャー』(邦題)という著書で研究成果を発表したもので、会社内に強力な文化を形成することが、持続的成長を推進する源となるという説です。

なかでも特に重要なのが、マネージャーが率先して行動し、独自の文化を形成していくこと。その役割を担うマネージャーを「シンボリック・マネージャー」と呼んでいます。

日本では、1980年代に城山三郎氏の翻訳で刊行され、一時期話題にはなりましたが、その後、標準的な経営管理手法として定着するまでには至りませんでした。

そもそも企業文化というものは、明文化されたルールや指針によって形成することが難しく、その組織の中で活躍するマネージャーや経営者の個性の影響を受けて形成されるものです。

ここで言う「企業文化」とは、連綿と受け継がれている組織の行動規範と呼んでいるもののこと。「組織のＤＮＡ」などと表現されることもあります。

日本で言えば、ホンダの本田宗一郎氏やソニーの盛田昭夫氏を思い浮かべるとわかりやすいかもしれません。どちらも、経営者として、その企業の文化を体現しているリーダーです。そうしたリーダーと同じく、「独自の文化を形成していく」ことに一役買って、経営理念や行動規範を体現する者こそが「シンボリック・マネージャー」と言えるのです。

H&Mは肩書を信用していない

Ｈ＆Ｍが、積極的にこの米国生まれのマネジメント手法を取り入れてきたねらいはいったいどこにあるのでしょうか。前出のマネージャーは、シンボリック・リーダーシップを取り入れる理由をこう説明していました。

「Ｈ＆Ｍは肩書を信用していないからです。やはり、ヒエラルキー（階層）をつくることで、効率的にできる仕事もできなくなると考えていますので、なるべく肩書をなくすことによって、いろいろな人を通して伝えるのではなく、話すべき人に直接伝えることができるということが、コミュニケーションをとりやすくすることにつながると考えています」

徹底した現場主義を研修でも教えているようですが、そういったリーダーシップを支えているのが、職位にかかわらず全スタッフが定期的に店舗に立つという同社ならではの人事制度です。

同社のCEO、K－Jパーションが1年のうち2日、H&Mの店舗に立っているのも、全社員に対して、リーダーが自ら率先垂範して、現場でチームの方向性や方針を直接スタッフに伝えていくことの重要性を身をもって示しているからだと言えそうです。

ちなみに、2008年に日本初上陸したときのオープニングスタッフ30人前後は、全員スウェーデンをはじめヨーロッパ各都市のH&M店舗で3ヵ月〜1年経験を積んで、同社の文化を理解している人たちばかりだったといいます。

イケア版シンボリック・リーダー

職位による指揮命令権に頼らず、チームの中に組織の行動規範を体現しているようなシンボリック・リーダーがいて、そのリーダーが常にチームのメンバーひとりひとりと円滑なコミュニケーションを交わしながら、ひとつの方向にチームを牽引していく。

そうしたマネジメント手法は、H&Mだけでなく、イケアにも共通するスタイルです。

２００６年に、イケアが千葉県船橋市に1号店を出して日本に上陸したとき、マネージャーとして活躍したS氏は、当時のことをこう語ってくれました。

「オープンのとき、海外から、延べ人数にして約５００人のスタッフを呼んでいるんです。当然、イケアウェイ（イケア独特のやり方）を知っている人ばかり。もちろん、マネージャーだけでなく、売り場や倉庫、レストランなどの現場でも本国やほかの国で経験を積んだスタッフが大挙してサポートにあたっていました」

日本企業が海外に進出して店舗をオープンした場合を想像してみると、それがいかに並外れたことかわかるはず。全店舗で統一した方式は、明文化されたマニュアルを用意して、それを現地スタッフに配布するとしても、おそらく日本からは数名のスタッフが現地に派遣されて、オープン前に現地の人の教育研修にあたるくらいでしょう。

ところが、イケアでは、経験豊富なスタッフが延べ５００人もオープン時に来日。そこまでして直接現地スタッフに対して、自社が世界中で実践している独特のやり方を指導し、定着させようとしていたわけです。S氏はこうも話してくれました。

「倉庫、レストラン、ホットドッグ売り場とか、いろんなところにイケアのことをよくわかっているスウェーデン人と外国人がいれば、日本人マネージャーもみんな外国のイケアのストアで1年くらい働いた人なので、考え方がわかっているから、すぐに協力できました」

ここにイケアの企業文化に対する独特のこだわりがよく表れています。マネージャー自らが現場で実際にやってみせるシンボリック・リーダーシップの方式を、同社でもH&Mと同じように実践しているのです。

H&Mの従業員が共有する価値観

日本人は「強烈な企業文化」と言うと、かつて高度成長期にみられた朝礼で毎日社訓を社員全員が唱えるような風景をイメージしがちです。

ところが、イケアやH&Mなど先進的なスウェーデン企業にみられる「強烈な企業文化」は、そうしたイメージとは対照的に、チームのリーダーたちが現場でスタッフたちと和気あいあいとコミュニケーションをとりながら、シンボリックに行動することでチームを引っ張っていく独特のスタイルです。

そこには、パワーハラスメントや、強制的な思想の押しつけは、ありません。

ちょうど、小さなボートで外洋に乗り出す海賊のリーダーがそうであったように、個人を尊重しつつも、チームワークを最大限活かせるようなマネジメントを実践しています。

そうした風土は、どのようにして築かれているのでしょうか。

第一に、企業組織としての行動規範が明確に定められていることがあげられます。

たとえば、Ｈ＆Ｍでは「Ｈ＆Ｍスピリット」と呼ばれる行動規範が策定されていて、同社では、すべての従業員が共有する価値観として社内外に向けて公開されています。

以下に引用してみましょう。

・人を大切にする
・ひとつのチーム
・確かな進歩
・率直かつオープンマインド
・起業家精神
・いつもシンプルに
・コストコンシャス（引用者注・コスト意識のこと）

——Ｈ＆Ｍ「私達の価値観」より

同社サイトでは、以前これらの基本的な価値観について、次のような説明がなされていました（なお、同社の従業員数は２０１７年時点で17万１０００名です）。

「H&Mスピリットは個人に敬意を払うこと、率先して行動する個人の能力に確かな信頼を置くことに根差したものです。このスピリットが、現在、クリエイティブで責任感あるグローバルファッション企業を形成するH&Mの社員14万800名の指針となっており、他では得ることのできない職場での成長と成功の機会を生み出しています」

イケアを貫くカリスマの言葉

組織のメンバーが共有するべき価値観を明確にしているのはH&Mだけではありません。イケアでも、創業者のカンプラード氏が提唱する「九戒」と呼ばれる、日本で言えば〝社訓〟のようなものがつくられていることは有名です。

この内容が、社員の研修の場で使用されるのはもちろん、全店舗において遵守すべき会社の重要なコンセプトの一部として大切に扱われているのです。

要約ですが次ページ以降に9項目を紹介しています（『ある家具商人の書』イングヴァル・カンプラード）。先に簡単に概略をお話ししておきましょう。

まず、すべての基本として、1番目に商品の低価格かつ品揃えの豊富さをあげていて、「何を売るか」を明確に定めていること。そのうえで、「イケア・スピリットの真髄は情熱である」と説いているところが興味深いところです。

朝礼で社訓を斉唱していたような、高度成長期の日本のモーレツ企業とは、もちろんその社風は大きく異なるのは改めて言うまでもありませんが、精神論ともとれる言葉を前面に出すのは、一般的な欧米企業にはあまりみられないイケアならではの特徴と言えます。

続けて、利益追求とコスト意識について、「浪費は大罪」「質素・簡素化」と表現しているところなどは、日本文化とソックリです。

6項目以降も、既成概念にとらわれないこと、集中力の大切さ、未来を切り開いていく心構えまで、日本人の価値観と重なってくる部分が多いことに驚かされます。

最後の「われわれはみんな、不可能や否定的な考えを断固拒絶する積極的で狂信的なグループになろう」に至っては、カリスマ経営者ならではの強い言葉です。

カンプラードの「九戒」

1　品揃えを豊富に、アイデンティティを失わないように

われわれは、適正なデザインと形式で、多くの人々が買えるような低価格で、より豊富な品揃えの家具やホームファーニッシングの商品を提供する。また、商品はシンプルで取り扱いが容易なことも重要である。

2 イケア・スピリットは徹底した実践・現実主義

イケア・スピリットの真髄は情熱である。コスト意識を持ち、快く責任をとり、みんなと協力し、謙虚な態度で、シンプル・ライフを標榜し、常に新しいものを創造していくための不断の情熱を持つこと。仕事をすることは、生活の糧を得るためではなく、それ以上の何かを得るものでなければならない。

3 利益は経営資源

経営には資源が必要である。利益とは快い響きの言葉であるが、利益の追求はただお金を増やすためだけではない。利益は次のビジネス目標達成のために必要な資源なのである。

4 最小の手段で最大の結果を

イケアでは、資源の浪費は大罪である。浪費は広く人類全体においても大問題である。時間と資源の浪費を避け、行動はよりシンプルな方法を心がけよう。

5 質素は徳

質素・簡素化はイケアの伝統である。定型業務の簡素化は強大なパワー（力）となるので、自分の行動を簡素化すれば、それだけ強くなれる。計画を入念にやりすぎるのは、失敗のもととなる。計画は必要最小限に止め、むしろ実施のほうに努力を集中すべきである。

６　何か別のアプローチは？

キーワードはＷｈｙ（なぜ）である。なぜこのようにやっているのか？　ほかのやり方はないだろうか？　従来のやり方やパターンに固執すると、活力を失い、試してみようという意欲すらなくなってしまう。カンプラードが最初の家具百貨店を、小さな町、エルムフルトに出店しようとしたとき、専門家に相談したらノーと答えられていただろう。しかし、その試みは成功を収めているのだから。

７　集中力

すべてのことを一度にすることはできない。すべての市場を一度に征服することはできない。一度にひとつの目標・仕事に集中するのが肝要である。戦略を立てるのにも同様のことが言える。

戦略とは、何をすべきか、何をすべきでないかを選択することである。商品の品揃えについても同じだ。まったく異なる消費者の趣向を全部満足させることは不可能である。自社でできることに努力を集中しよう。日常生活でも、努力を集中すればおのずと結果がでるものである。

8 責任をとる――特権

イングヴァル・カンプラードは、責任をとることと失敗を恐れない行動力を高く評価する。責任をとる積極性を買うわけである。何か間違いをしないかという恐れをなくすように常日ごろ心がけることが肝要である。こういう恐れがあると、積極性が阻害されるからだ。

これが絶対正しい唯一のものだと言える意志決定などない。意志決定の裏にある力こそが、意志決定を正しいものとするのだ。カンプラード語録のひとつに「寝ている人は決して間違いをしない。何か間違いをするということは行動力のある人の特権であり、間違いはあとで修正し改善できるものだ」とある。

9 し残したことが多い――素晴らしい未来があるということ

「目標を達成したと考えたとき、停滞が始まる」「準備万端ととのったと思うことは睡眠薬を飲むようなもの」「現在のやり方をどのように改善できるか常に自問することによって、進歩があり努力が報われる」「われわれはみんな、不可能や否定的な考えを断固拒絶する積極的で狂信的なグループになろう。したいことをすることができるようになり、一緒に協力していけば、素晴らしい未来が開ける」

ロシア恐怖症でも最後は勝つ

さて、イケアの幹部たちが一度はロシア恐怖症に陥ったにもかかわらず、再進出を果たしたことを不思議に感じる日本のビジネスパーソンは、多いと思います。

同社のロシア進出には「成功の秘訣」と呼べるものは何もありません。

その謎を解く鍵は、彼らが持っている「理不尽でまったく理解できないこと」＝異文化に対して驚くほど寛容で忍耐強い性質にあります。

ここが欧米の大資本や日本企業と大きく異なる点です。

たとえば、欧米企業なら「われわれのやり方は世界中で成功しているのだから、そのまま取り入れて当然」と考え、そのやり方を無理矢理押しつけようとします。それが通用しないと、ストレスを溜め込んで「相手がおかしい」と断じる傾向があります。

その点、イケアなど北欧から来たビジネスパーソンは決して「自分たちの優れたやり方をそのまま踏襲すべき」とは、考えません。コアな部分だけは頑固に守りますが、実際のビジネス展開は非常に柔軟に対応し、現地の文化に合わせようとします。

その代わり、決して巨額の投資はせずに、トップが歩き回って情報を足で稼ぐなど、リスクを最小限に抑える戦略も用意周到に考えられています。ロシアでの大失敗も、よくみてみると、その投資額は数億円にすぎませんでした。

同じくスウェーデン発祥の企業である紙製・飲料パッケージで有名なテトラパックが、最初に日本市場に参入したのは１９５６年のことでしたが、最初の受注を獲得したのは６〜７年後でした。さらに、そこから本格的に利益を上げるようになるまでには十数年かかったと伝えられています。日本の企業ならば、とっくにあきらめて撤退していたことでしょう。

小国から来たグッド・リスナーとして、非常に我慢強く進出先で相手に合わせたビジネスを展開するのは、彼らが〝海賊商人の末裔〟であるからにほかなりません。

横のコミュニケーション効果

これだけの強烈な行動規範を持ちながらも、組織内の権力格差は極端に小さく、上司だからといっていばることなく、チームのメンバーに対して個人を尊重して接するという海賊文化は、われわれ日本人にはなかなか理解できないものです。

それを理解するためのキーワードが、「横のコミュニケーション」です。

まず率先していたのがイケアの創業者でした。空調のきいた部屋で、退屈な重役たちの数字報告を受ける前に、自ら現場に出向いてスタッフたちとコミュニケーションを交わすことで情報を得るのがカンプラード流。

前出のイケアの元マネージャーS氏も、イケアに勤めていたころ、肩書に頼らない横のコミュニケーションを実践していたと話します。

「僕は、マーケティングのマネージャーだったんですが、ベッド売り場を経験させられ10日間くらいマットレスを売っていたことがありました。そのおかげで、もとの部署に戻って（ベッド関係の企画を）プレゼンしたときに、『実際にすごくベッドを売っていた人だそうですね』とか『現場もよくわかってるから』と、よい反応をもらいました。逆に僕が売り場の人に声をかけると、売り場の人から『こんなことがあるよ』と、直接いろんな情報をもらえます。だから生の情報を得られて、企画も立てやすい。そういう現場の人と直接コミュニケーションを交わすことは、カンプラードのマネージングスタイルそのものだと思います」

日本の根回しと似て非なる交渉法

スウェーデン人が好む「横のコミュニケーション」は、日本人が大事に考える「人づきあい」と似ている面もあるかもしれません。

たとえば、日本人は、日ごろから社内の同期・同僚や上司・部下と〝飲みニケーション〟を通して人間関係をつくっておけば、いろいろな場面で仕事がしやすくなると、長らく考えて実践してきました。

ところが、スウェーデン人の場合は、仕事の時間外でスタッフが交流することはあまりありません。前出のH&Mのマネージャーは、その点について、こう否定していました。

「スタッフ同士で、仕事が終わったあとに、つきあいのためにどこかに出掛けるというのは、あまりないですね。みなさん、仕事が終わったらさっさと帰ります」

プライベートの時間は、家族や友人とすごすというほかの欧米人とほぼ同じスタイルなわけですが、では、スウェーデン人はどうやって「横のコミュニケーション」をとっているのか。

その秘密を、イケアの元マネージャーS氏が、こう説明してくれました。

「われわれ、『フィーカ』って呼んでいるんですが、社内にサンドイッチなど軽食と飲み物が用意されているコーヒーブレイクコーナーが設けられています。そこに10時過ぎの休憩時間に、いろんな部署の人が集まるんです。ふだんめったに会わない人、メール交換もしない人と家族の話やスポーツの話をしたりします。もちろん、仕事の話もして、別の部署の人に意見を聞いたりします」

スウェーデン人は、日ごろから、非公式のコミュニケーションを大事にする傾向があり、正式な会議の席で発表する前のアイデアなどもフィーカで活発に情報交換するのです。

日本人の「根回し」が、決定前の内容を全関係者に周知して事前に了解をとりつけるのとは、似ているようで内実は違っているのです。

彼らが「フィーカ」と呼んでいる非公式な交流において、アイデア段階でいろいろな人の意見を聞き、あるいは協力をとりつけるようなことも割と自由に行われるわけです。社内の休憩所としてコーヒースタンドが設置されているのが、スウェーデンのビジネススタイルのひとつなのです。

H&Mで働くマネージャーの特徴としてあげられるのが「インフォーマル・コンタクト（非公式の接触）」です。

前例や形式にとらわれずに、上司と部下が何でもすぐに相談できるようにするという意味で、言い換えれば、いちいち手続きを経て上司の公式な承認を得て動くのではなく、その場で話し合って、即断即決できるように風通しをよくするということ。

前出のS氏が正式な会議の席ではなく、フィーカの場で非公式に話をして問題解決するのも、この「インフォーマル・コンタクト」の一種でしょう。

H＆Mの武器である事業展開のスピードを可能にするのがマネージャーたちの迅速な意志決定なわけですから、前例や形式にこだわる官僚的な体質をいかに排するかが重要なテーマとなっているのです。

スピード経営の秘訣は朝礼にある

H＆Mのマネジメントスタイルとして、日本企業とよく似た点がひとつあります。それは、各店舗で毎日、朝礼が行われるということ。

毎朝、ストアマネージャーが前日の売り上げ実績を発表して、それが過去の実績と比べてどうだったのかをコメント。また、毎週月曜日には、前週の成績をおさらいするのですが、そのときに話す内容としては、商品別や地域別店舗の売り上げです。この朝礼をH＆Mでは、「パルス」と呼んでいます。

毎朝、この場で数字を発表することで、目標達成度を確認したり、ほかの店舗との競争を促進するねらいがあるようですが、日本の企業で行われる朝礼と大きく異なるのは、このときに、マネージャーがスタッフに対して、さまざまなフォローアップを行うと同時に、意志決定まで行うこと。

課題や問題を発見したら、「あとでじっくり相談して考えよう」ではなく、その場で解決策についても話し合って、すぐに対策を講じてしまうわけです。

毎日、短時間のうちに、多くの意志決定を下せるわけで、これがH&Mのスピード経営の秘密のひとつと言えるかもしれません。

現場の各店舗に徹底した権限委譲が行われているH&Mでは、中央集権的な人事や経理財務などの一部例外を除けば、マネージャーの権限で決められることが多いといいます。そのため、マネージャーが迅速に動けば、事業展開のスピードは飛躍的に高まるのです。


もうひとつ、毎日朝礼を行う意味として着目したいのが、H&Mのマネージャーたちが「短期計画」を非常に重視する柔軟な思考を持っていること。

H&Mでは、固定化された長期計画は、あまりつくらないと言われています。意志決定を速くし、より効率的にするために、むしろ、現在の状況やビジネス環境に即した短期計画を重視するのです。そして、その短期計画をつくったら、それすらもどんどん状況に合わせて変えていくのです。

前例や形式にこだわらず、そのつど臨機応変、変幻自在に動けるのが同社の強みと言えるでしょう。

スウェーデン人も会議好き

朝礼に限らず、スウェーデン人は、日本人と同じく会議が大好きな国民なのです。

最近の日本では、会議が多いことが効率を悪くする元凶と考えられるようになりましたが、スウェーデンの企業では、スタッフ同士のコミュニケーションを密にするために、会議を多く開催することは、むしろ好ましいこととらえられています。

ただし、日本のように、結論がすでに根回しで決まっていて、ただのセレモニーにすぎない会議を多人数で延々と行う、というような慣習はありません。純粋に意見を交換し、情報を共有するために会議が行われるのです。

この情報共有の根底にあるのは、「トランスペアレンシー（透明性）」の原則です。

スウェーデン企業の経営陣は、自分たちが得た情報は必ず下にも流し、現場のスタッフも上司と相談しながら進めていきます。マネージャーは、自分だけで情報を抱え込んではいけない。情報は部下といつも共有しなさいという不文律です。

ピラミッド型の組織では、現場で得られた情報は常に上に上げさせます。その情報を経営陣が集約・解析して加工した内容をもとに、一方的に下に指示命令を出すスタイルをとりがちです。

ところが、複雑な階層をなるべく省き、権力格差が極端に小さいＨ＆Ｍのような組織では、その情報の流れをできるだけ双方向にする努力がなされているのがポイントです。マネージャーが情報を開示することで、チームが達成するべきゴールや目標はグループ単位で話し合って決定されるため、部下にとってもより納得性の高いものになるというわけです。

ブレない異文化戦略

さて、スウェーデン人のマネジメントスタイルを理解する際に、やはり最大のポイントになるのは、「異文化とのつきあい方」です。

イケアは、社名のロゴを、スウェーデン国旗と同じ黄色と青を配色したデザインにしているように、スウェーデンらしさを前面に打ち出しています。シンプルで洒落た独自のデザインを施した自社製品などは、そのイメージにピッタリです。

一方で、海外での進出先では、第４章でも述べたように、自らの文化を押しつけることなく、驚くほど我慢強く現地の文化に合わせて溶け込もうとする謙虚なスタンスを保持していて、そのうえでイケアのスタイルを世界中で堅持しています。

イケアが２００６年に日本進出を果たしたときのことを、元マネージャーＳ氏はこう話してくれます。

「日本では2メートルの高さの本棚はありませんよとか、大きなソファは売れませんよとか、さんざん言われていました。でもそれは、大きなソファが今までなかったから売れてないのか、ほんとに売れないのか、やってみないとわからないじゃあないですか。

実は、イケアが日本でスタートアップしたときに、小さなモデルのソファを多めに入れたんです。ところが、すぐに売り切れたのは、むしろ大きなソファのほうでした。だから、やってみないとわからない。イケアだったら、このバリューなんですよね。自信を持って（イケアらしさを）売っていかないといけないと思いました」

つまり、進出先の国によって売り方はとことん工夫するけれども、コアとなる「イケア・バリュー」については頑固に守り通す。世界中どこの国に行っても、イケアの商品のよさをわかってもらえるように、彼らは辛抱強く努力し、発想力とコミュニケーション能力を駆使して、ほかの欧米資本が崩せない堅牢な異文化の壁を突破していくのです。

そんなイケアとは対照的に、H＆Mは、商品についてスウェーデンらしさはほとんど出しません。前で述べたように主要都市で有名デザイナーたちが毎年発表する最新のモードをいち早く取り入れつつも、世界中のどんな文化圏の人でも、自分の個性に合わせた選択ができるよう、より汎用性の高いデザインの商品を比較的多く販売しています。

しかしその一方で、社内のマネジメントに関しては、「シンボリック・リーダーシップ」（最初に導入された米国では、あまり採用されていない）を全面的に採用するなど、一般的なグローバル企業とは異なる北欧スタイルを頑なに貫いています。

バングラデシュの工場崩壊

興味深いのは、取引企業とのつきあい方です。かつてイケアがポーランドやロシアで時間をかけてサプライヤーを育てたのと同じような経験をH＆Mも積んできています。

数年前、バングラデシュのダッカ近郊で、工場の建物が崩壊して１０００人以上の労働者が犠牲になる大事故が起きたのを覚えているでしょうか。

崩壊した工場で生産されていたのは、グローバルに展開する有名一流ブランド製品だったことから、それらブランド企業が劣悪な条件で労働者を雇用する事業者に製造委託していると市民団体などから激しく批判されました。

H＆Mも、バングラデシュをはじめとしたアジアで製造していますが、ほかのブランド企業に先駆けて、リスクを意識した方策を講じてきています。具体的には、サプライヤーの監査を担当するスタッフを定期的に派遣し、不適切な行為がみつかれば、根気よく指導していくことを続けているのです。

賃金の不払い、安全性や衛生の面での問題、児童労働など、コストの安い国のサプライヤーには、問題が山積していますが、それと正面切って向き合うのが異文化適応能力の高いところと言えます。自分たちの価値観では、到底理解できないことに遭遇したときでも、短絡的な結論を出すことなく、忍耐強く、その問題解決に取り組むからです。

しかし、現地工場との協定は守られないことも多く、指導の成果はそう簡単には上がりません。少し改善できても、数ヵ月するとまた同じ問題が起きることのくり返し。

「忍耐と粘り強さが必要」をモットーとする同社の監査担当者は、それでも定期的に工場を訪問して改善提案をしたり、話し合いを続けます。自社が実施しているミーティングやセミナー、研修プロジェクトへの参加を呼びかけます。人材採用と人材の定着化を目的とした研修センターを設立して、そちらへの参加も促すなどの方策まで講じています。

そうした根気強い働きかけを続けた結果、やがて工場の経営陣のなかには、安全や労働時間、労働環境をモニタリングする独自のシステムを導入していくところも出てきました。そうやって、時間をかけて優れたサプライヤーを各地で育てているのです。

日本の自動車メーカーが、長年、自社系列の下請け企業を育ててきたのと似ているかもしれません。ただ、日本のようにタテに連なる「垂直統合」ではなく、あくまでサプライヤーとは対等で、ヨコの関係を構築していく「水平分業」体制を構築していくのが彼らのやり方なのです。

もちろん、今でも児童労働やフェアトレードなどの問題で、依然としてH&Mをはじめとする海外企業は、市民団体などからの厳しい非難の対象であることにはなんら変わりはありません。ただ、いくら非難されても、同社が投げ出すことなく、根気よく改善に取り組む姿勢を保ち続けているのは、なかなかマネのできないことだと思います。

おわりに　ワイルドなアイデアも評価される社会　オッレ・ヘドクヴィスト

本書は、日本人の可児鈴一郎とスウェーデン人のオッレ・ヘドクヴィストの共著です。ふたりとも日本のビジネス・カルチャーを知るとともに、1900年代初めより日本で営業してきたスウェーデン資本のガデリウスで、日本人・スウェーデン人の協力がどのように行われてきたかを経験しました。

ガデリウスは、スウェーデンやそのほかのヨーロッパの技術を100年以上にわたり日本に導入してきました。同社の日本人とスウェーデン人のマネージャーやスタッフにとっては、日本のビジネス・カルチャーを理解することがまず大事です。その相互理解は日本とスウェーデンのかけ橋を支える柱となっています。

本書では、世界中に展開しているスウェーデン発祥の企業グループについて、その創業から発展状況について説明しています。さらに、スウェーデン人がみた日本企業の強みと、日本企業に参考になるであろうスウェーデン企業の強みを分析しました。

世界も認める日本流マネジメント

日本企業の強みとして、ここでお伝えしたいのが、日本人らしさによって磨かれてきたマネジメント力です。

日本の、特に製造業などでは、独自の生産およびマネジメント技法が発達しています。QC（クオリティ・コントロール）、ジャスト・イン・タイム、カイゼンなどなどよく知られているものばかりです。これらは、製造工程管理や使用資本、QCなどをより効率的にしようと掘り下げた結果生まれたものと言えます。

これらは単に概念だけでなく、製造スタッフが協力した末に生まれました。日本の自動車やエレクトロニクス、カメラをはじめとする製品の輸出の伸長はこうしたマネジメント技法が奏功して結実したものです。これは世界に知れ渡っている事実です。

日本のマネジメント技法は多くの国で実用化されてきました。

第二次世界大戦後、１９９０年代の終わりまで、日本企業は海外で自動車やエレクトロニクス関連企業が例外的にグループ子会社を持つことはありましたが、当時は外国の会社を買収して子会社化することはあまりありませんでした。

しかし、15～16年前から、日本の企業グループが外国で（スウェーデンでも）多くの会社を買収するようになってきています。日本企業の海外でのM&Aは失敗が多いと言われる中で、スウェーデンでの買収では、日本的な製造システムやテクニックが採用され、効率的に運用されています。

その好例として、トヨタがスウェーデンの大手産業車両メーカーを買収し、そこに日本の製造技法が導入され、買収した会社のスウェーデン人エグゼクティブにも評価されたことは紛れもない事実です。

日本で成功している種々の製造技法は、日本人独特の製造工程の詳細な観察力と取り扱い能力（たとえば材料や部品のクオリティおよび製造にかかる時間の見直しなど）によって開発されたものです。

また日本人は詳細な記録をたくさん残しています。これが製造の助けとなります。西欧人はこれを〝too much〟として嫌うことが多いですが、長い目で見れば確かに役に立っています。見過ごしによる不良品や製造工程での事故を防ぎ、必然的に高品質となります（もうひとつ、日本人のミスを恐れる心も重要な要素）。

今後も、日本の製造技法は多くの外国企業に導入されていくでしょうし、日本企業による外国企業の買収も増え、これらから競争力の増した製品がさらに生み出されると思います。

人口約1000万人の小国であるスウェーデンも、日本に劣らずスイスやオランダなどと並んで産業に占める輸出関連の割合が45〜50％と高い比率を誇ってきました。

過去にスウェーデンは、海外市場を開拓することにより、鉄鋼、紙パルプ、乗用車、トラックなど輸出産業を育成してきています。

スウェーデン人マネージャーたちは、各国のビジネス・カルチャーだけにとどまらずその地について知識を深めていきます。この能力は、まさしくヴァイキング時代から時を超えて受け継がれてきたものです。侵略の時代を経て、北欧人たちはヴァイキング商人となり外国と交易をしたのです。この海外でのビジネスの流儀は本文でも詳しく紹介しました。

情報共有がフラット化の要

ところで、スウェーデンのマネジメントスタイルは、マネージャーと従業員の関係がオープンで相互信頼に基づくものです。会社は、従業員を雇うにあたり、候補者が会社のカルチャーおよび運営に適合するかどうかをしっかり見極めます。

その点は日本と似ているものの、補足するとすれば、一般的に上司と部下の関係はよりオープンな雰囲気と言えます。外部に漏れると都合の悪い情報（非常に少ない）を除いて、関係スタッフには情報がオープンであるのが普通です。ほかのヨーロッパの会社では、スウェーデンの会社に比べて情報はもっと制限されています。

地位によって開示制限を受けたりしませんし、組織は形式的にはヒエラルキー（階層的）になることはあるにしても、原則としてフラットを目指しているからです。

情報が必要なとき、あるいは関連する課題を討論したいときは、それがビジネスに関連している限り、組織上部に直接接触してもかまいません。

もちろんスウェーデン企業でも、官僚主義的な人はいます。ただそれがあまりいきすぎて、効率やオープンな雰囲気を害するほどではないのです。それでも会社によっては、運営を害するような官僚主義のいきすぎを監視するところもあるほどです。

なぜ、チームビルディングか

ある点では、日本とスウェーデンのビジネス・カルチャーとマネジメントスタイルはよく似ています。

本文で述べているように、スウェーデンの会社で、マネージャーはチーム内の協力関係をつくり、それを維持していくこと、いわゆるチームビルディングに尽力し、時間を費やします。マネージャーは、チームがひとつの目標に向かってともに働けるように努力するのです。日本のチームワークとも共通していないでしょうか。

その目標（ゴール）はトップダウンでなく、事前にチーム内で討議されるのが一般的です。スウェーデンの会社では、目標を設定し、受け入れ、理解することが、マネージャーとそのチームにとって非常に大切なことなのです。そしてマネージャーは、その目標をどのように達成するか、具体的な実行方法もチーム構成員に任せます。

日本ではあまりないことかもしれませんが、チームのメンバーたちは会議の場だけでなく、コーヒーブレイクやランチタイムなどを利用して自由に課題を討議します。主にサービス業の会社で見られることで、誰に指図されたというのでなく、経験の長い同僚が経験のない、または少ないメンバーに、アドバイスやコメントを与える光景がみられます。

スウェーデンでは、ビジネスのキャリアは、その職務技能と経験を求める会社へと転職することによって積まれていきます。

それに対して日本では、所属する会社で職務技能を積み、将来にわたっての会社への忠誠度によって認められていくことになります。もっとも、最近は日本でもキャリア転職が増えているようですが。

スウェーデンらしいことといえば、会社の同僚がまったく実現できそうにもないアイデアや課題を口にすることがあったときに、それに対して非難されたりすることはまずありません。それはそれで評価されたりします。

というのは、ワイルド（粗野）なアイデアであっても、具体化できるかもしれないと上司が受けとるからです。日本の企業では、部下の人たちは突飛なアイデアや質問を口にするのを躊躇してしまいます。というのは、実務的でない夢想家のように思われるリスクを避けたいからでしょう。

スウェーデン政府は、会社や個人の起業家精神を育成する政策を志向しています。これは、特に新しい分野のビジネスを起業する若い人たちに重きを置いているからです。公的な金融機関もあり、起業に挑戦する人や企業への援助を行っています。若い起業家のあいだでは、この援助を受けるための競争も過熱しているようです。

日本でも同様の施策が行われているものと思われますが、小さなボートで大海原に出ていったヴァイキングたちのマインドを知っていただければ、よりイメージしやすいでしょう。

本書が日本人ビジネスパーソンにとって、日々の課題を解決するための、ささやかなヒントになることを願ってやみません。

２０１８年11月

可児鈴一郎

東京都出身。慶應義塾大学経済学部を卒業。スウェーデン系企業のガデリウス株式会社にて、輸入業務・営業、企画調査、財務、経理・予算管理、人事・人材開発などの職務を歴任。1992年、異文化・ビジネススキル教育研修機関である株式会社インテック・ジャパンの独立と同時に、代表取締役社長に就任。スウェーデン人エグゼクティブたちとの交流、および日本の主要企業で海外赴任する人材の事前研修実施などの経験を重ねて、「北欧企業の世界戦略」や「異文化コミュニケーション術」などでの講演・研修を数多く行ってきた。著書に『世界でいちばんやる気がないのは日本人』(講談社＋α新書)ほかがある。

オッレ・ヘドクヴィスト

スウェーデン国ハルムスタッド市出身。ゴーテンバーグ経済大学卒業。元ガデリウス株式会社代表取締役財務本部長。その後、スプリンターパック社社長、インデヴォ・グループ主任コンサルタントとして、北欧および欧州企業の経営指導に従事。再来日後、スウェーデン・センター社長を経て、在日非営利団体スウェーデン・ブックセンターを主宰。ハルムスタッド市顧問。可児鈴一郎との共著で『危機突破の冒険者精神(ヴァイキングスピリット)―H&M IKEA エリクソン 北欧企業の強さの秘密 世界で活躍したヴァイキングの教えに学ぶ』(ぱるす出版)ほかがある。

【参考文献】

『菊と刀　日本文化の型』ルース・ベネディクト、長谷川松治訳、講談社学術文庫

『千年、働いてきました 老舗企業大国ニッポン』野村進、角川oneテーマ21

『イケアの挑戦 創業者（イングヴァル・カンプラード）は語る』バッティル・トーレクル、楠野透子訳、ノルディック出版

『IKEA　超巨大小売業、成功の秘訣』リュディンガー・ユングブルート、瀬野文教訳、日本経済新聞出版社

『ヴァイキング』フレデリック・デュラン、久野浩・日置雅子共訳、文庫クセジュ

『ヴァイキングのビジネス・ガイド（The Vikings' Guide to Good Business)』GUDRUN

『成功企業のDNA　在日スウェーデン企業100年の軌跡』ガデリウス基金編著、清流出版

『ヴァイキング 7つの教え　逆境を生き抜く北欧ビジネスの知恵に学べ』可児鈴一郎・オッレ・ヘドクヴィスト共著、徳間書店

講談社＋α新書 398-2 C

肩書を減らすと業績が急改善する

北欧流《ほくおうりゅう》小《ちい》さくて最強《さいきょう》の組織《そしき》づくり

可児《かに》鈴一郎《れいいちろう》 ©Reiichiro Kani 2018

オッレ・ヘドクヴィスト ©Olle Hedqvist 2018

2018年11月20日第1刷発行

発行者―――― 渡瀬昌彦

発行所―――― 株式会社 講談社

東京都文京区音羽2-12-21 〒112-8001

電話 編集(03)5395-3522

販売(03)5395-4415

業務(03)5395-3615

カバーイラスト―― cnythzl

デザイン―――― 鈴木成一デザイン室

企画・構成―――― 日向咲嗣

カバー印刷―――― 共同印刷株式会社

印刷―――― 慶昌堂印刷株式会社

製本―――― 牧製本印刷株式会社

本文図版―――― 朝日メディアインターナショナル株式会社

定価はカバーに表示してあります。

落丁本・乱丁本は購入書店名を明記のうえ、小社業務あてにお送りください。

送料は小社負担にてお取り替えします。

なお、この本の内容についてのお問い合わせは第一事業局企画部「＋α新書」あてにお願いいたします。

本書のコピー、スキャン、デジタル化等の無断複製は著作権法上での例外を除き禁じられています。本書を代行業者等の第三者に依頼してスキャンやデジタル化することは、たとえ個人や家庭内の利用でも著作権法違反です。

Printed in Japan

ISBN978-4-06-513882-3